# 打開壓力的拉環

上班族解除壓力的妙方

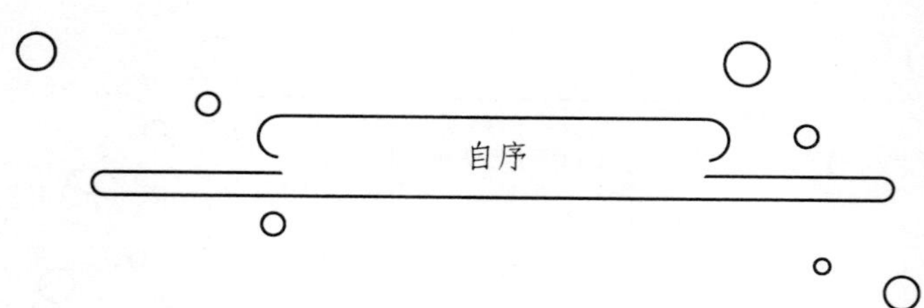


# 自序

在學校教科書、醫療界的呼籲及社會共識不斷地告訴我們：全方位的健康除了包括身體的健朗，更包括了心理的健全狀態之下，國人逐漸能毫無芥蒂地正視自己的心理狀況，或者解決失調問題、或者建立正確的觀念。這些，無疑都是令人慶幸的。

生智文化事業有限公司為現代人緊張的生活步調，在「元氣系列」書系下，特籌劃出版了《打開壓力的拉環——上班族解除壓力的妙方》一書，由臨床心理學的角度，融合深陷水泥叢林中，充斥著「忙」、「盲」、「茫」的現實故事情境，提供現代人對生活壓力的認識及瞭解，期望能裨益讀者，克

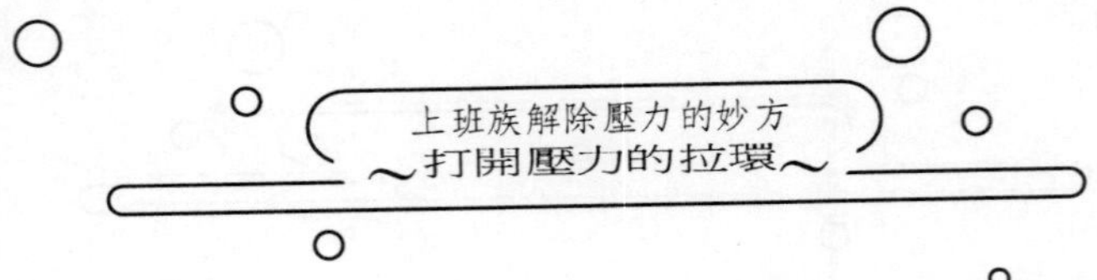


服壓力症候群及緊張恐懼症，而真正做到「混沌中的有序」。進而在工作、生活、休閒的「混沌邊緣」中，能取得較富彈性的張力和較健康的平衡點。

林森
晴風
一九九九年於台北

# 目錄

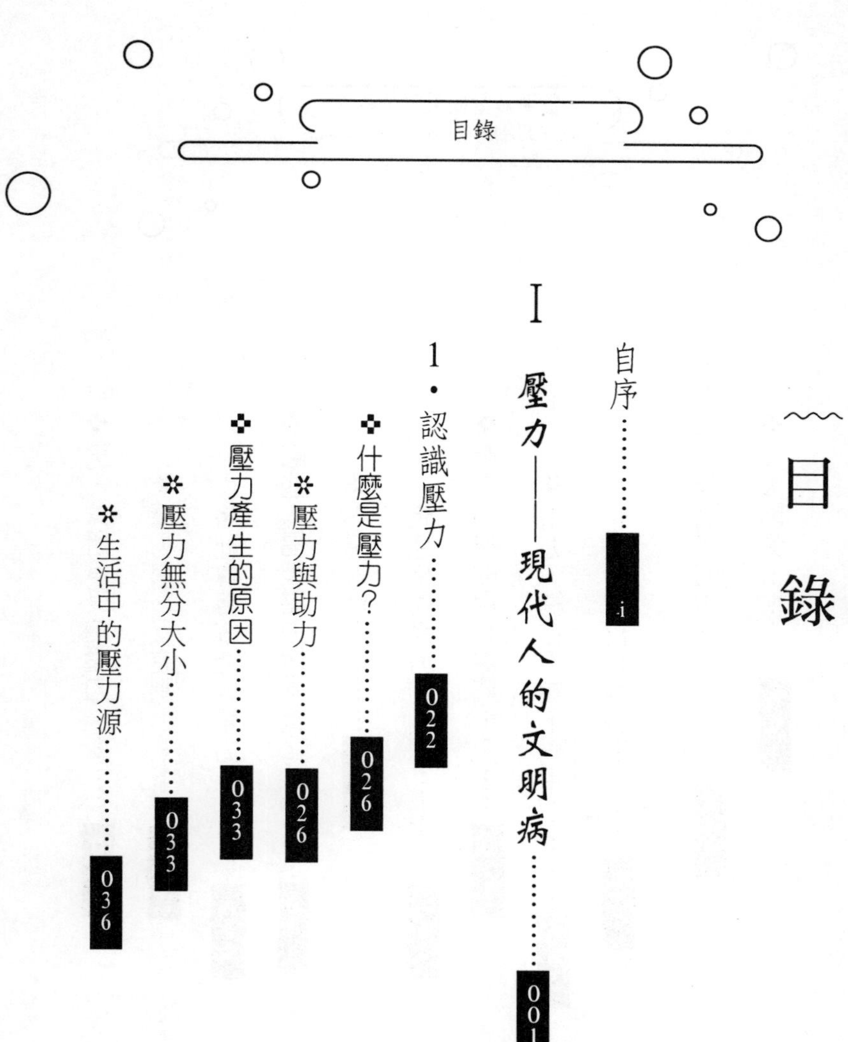

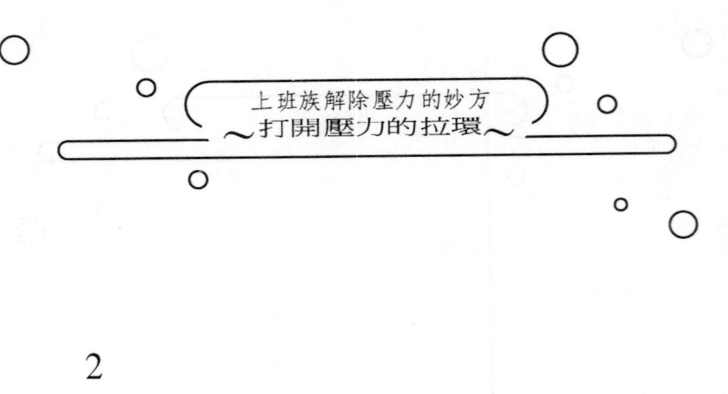
上班族解除壓力的妙方
~打開壓力的拉環~

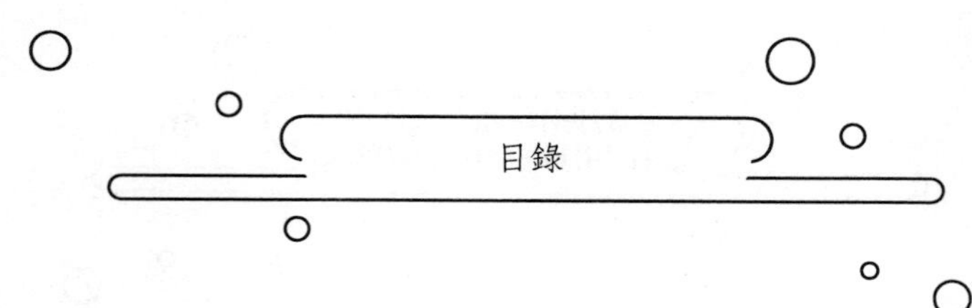

目錄

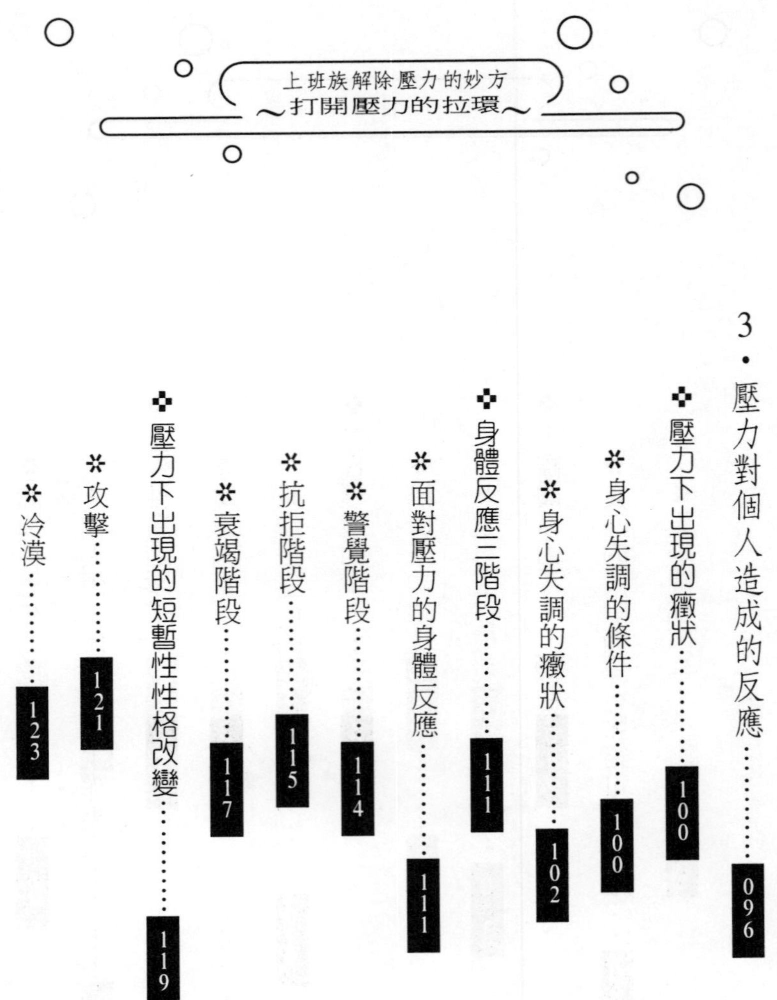

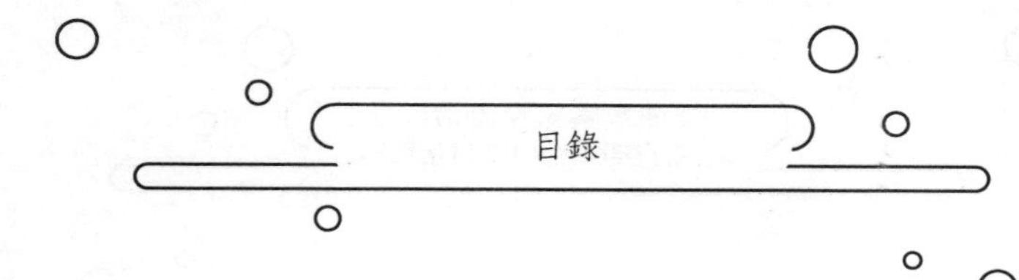

目錄

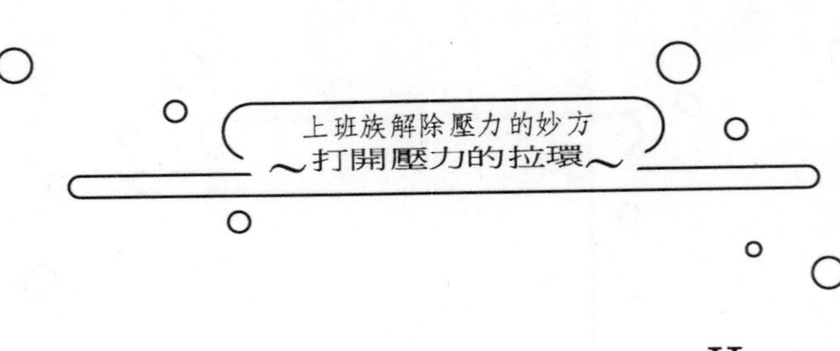

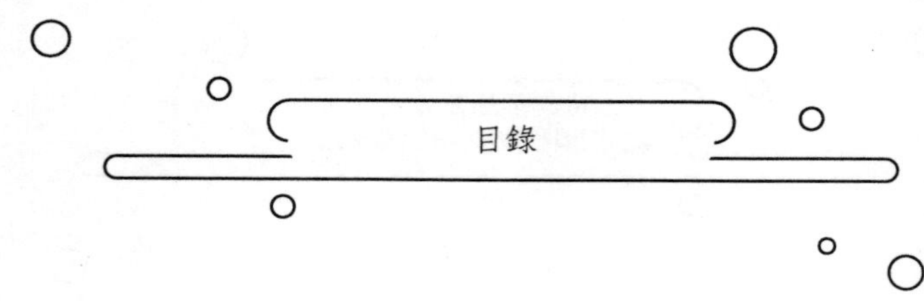
目錄

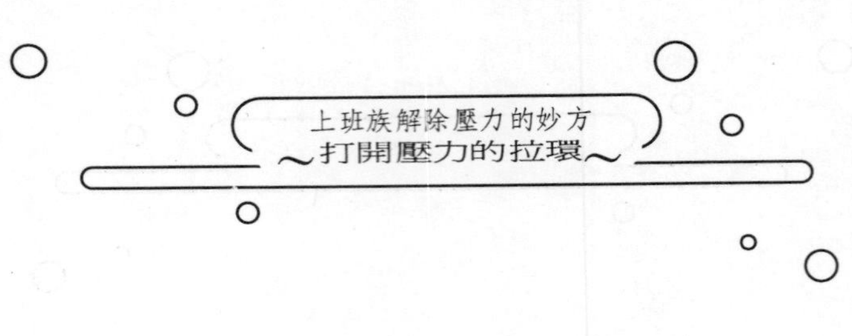
上班族解除壓力的妙方
～打開壓力的拉環～

# I 壓力—現代人的文明病

我們的時代已經被冠之以各種不同的名稱，但它們差不多都是相類似的意涵，諸如「阿斯匹靈的時代」、「緊張焦慮的時代」……，說得更確切、具體一點，便是「壓力的時代」。

♣故事一

又是星期一！志文從窗外隱約傳來車水馬龍的哄哄聲中，帶著昨晚刻意加班的疲憊醒來，下意識地往床邊的鬧鐘一看，「糟糕！又睡過頭了！」，頂著滿腦子的混沌，想快，又快不起來地穿上千遍一律的西裝以及領帶。今天他這個部門要發布新的人事命令，幾天以來，志文有時感到很興奮，有時卻感到很頹喪，現在這個職位已經連續坐了六年了，幾次人事調動都是事前滿懷希望，最後卻都落了空，他心想，這次的新科主任總該輪到自己了吧！不過，又不曉得上級的主管是不是看到他這些年的努力工作、任勞任怨？

辛辛苦苦、滿頭大汗地擠下公車，志文嘴裡嘟嘟噥噥地埋怨台北交通和空氣。剛在辦公室的位子坐下來，立刻就接到前兩天才談妥的客戶打電話來要求他再準備一些資料，對方還要重新評估是不是要讓他賺這筆生意，嘴上客客氣氣地答應對方，掛完電話又覺得對方真是不乾脆，心中似乎想到這真是個不好的兆頭。正想著，部屬小張拿了封信往他這裡走來，交到他桌上時著實讓他吃了一驚，小張的確曾經在私底下向他表示有離開公司的打算，志文當時只是和小張一起埋怨公司某些不合理的制度，沒有想到他竟然真的遞辭呈了！小張在公司的資歷只有兩年，但從一開始，志文就頗看重他，比較重要的案子都交給小張去辦，如今他一走，等於少了一個得力的助手，志文不禁皺起眉頭來；基於平時的私交不惡，小張告訴他自己已應徵了一個職位更高、薪水更多的工作，下個月開始上班……。與自己苦守六年仍不上不下的情況相較，志文竟突然對小張的境遇產生了妒意，但又無可奈何，他向小張點點頭，並告訴他會代為向上呈報。

中午休息時間前，志文拿著小張的辭呈走進經理的辦公室，經理一見志文，臉上出現一絲尷尬的笑容，他招呼志文坐下，慢慢地開口對志文說：「我們都知道你在公司這麼多年來的辛苦，也認為你的表現很優秀，但是……但是，我們似乎覺得你還需要一些時間來磨練你的做事技巧，這樣才適合領導手下的組員……。」（我就知道！我就知道又是這種下場！）志文把小張的辭呈放在經理桌上，恍惚中以為是在遞自己的辭呈，他慢慢地走出經理的辦公室，經過自己坐了六年的科長位子，又慢慢地走出公司大樓，望望附近已熟得熟不能再熟的各式餐館招牌，不知道該吃些什麼？也不知道該怎麼回去面對手下科員好奇的眼光？甚至，不知道自己到底還要不要在這家公司待下去……。頂著火紅的太陽，他覺得自己似乎有點中暑……。

♣故事二

偉生在小時候，最喜歡的玩具便是父親送給他的一套醫生看診的用具，偉生經常整天架著玩具聽筒，嚷著要比他小一歲的弟弟假裝成病人的樣子讓他來為弟弟看病，而弟弟偉杰也十分服從地任由哥哥在他的前胸、後背上聽心跳，還會裝成一副痛苦的表情，向這個小醫生訴苦。待小醫生給他打完針後，偉杰會興高采烈地告訴哥哥他的病已經好了，身體變得健康了。

兩兄弟由於年齡相近，而且一直在同一所學校裡上學，彼此的感情很好。偉生在學校的成績一向優異，經常在全年級中名列前茅，弟弟偉杰在學業上雖然略遜哥哥一籌，但卻是校內田徑賽的風頭人物，兩人不但沒有出現惡性競爭，反而都為對方的成績及表現而感到自豪。偉生穩重、成熟，是同學眼中的領袖人物，而偉杰活潑、開朗的性格，也為他贏得了同學的喜愛。

高中時候，在一次校際運動會裡，偉生對弟弟的愛護之情更是表露無遺。當時偉生已經是一個高三的學生，而且是學校健康中心的義工組長，在運動會裡負責協助運送受傷同學，以及做基本的急救等工作。而在同一個場合中，偉杰卻扮演著運動健將的角色，在運動場裡追逐各項冠軍，兩人各忙各的。正當偉生在臨時的急救站裡，安排組員發送礦泉水給運動員時，突然有兩個組員，在運動場的另一端，很緊張地向他跑來，到了他的面前，便氣喘如牛地告訴偉生弟弟偉杰在跳欄時，跌了下來，頭部流血，情況似乎非常嚴重。偉生頓時心頭一震，不顧手邊正在指揮的工作，趕快地跟著那兩個也是組員，也是同班三年的同學跑過去，平日安靜、細心的他，在離開座位時，將桌子弄翻了，而且也不小心地踢到地上的水瓶，像打保齡球般，水瓶一個接一個倒下去。兩位朋友匆匆地帶著他跑到了運動場的另一角，偉生只見他的同班同學圍作一團，走近一點，才看到他們不知在哪裡找來了一個生日蛋糕，上面還燃點了幾支紅色的小蠟燭，每個人也十分高興地向他唱起生日歌，原來當天正是偉生十八歲的生日。

本來同學為自己預備一個驚喜的生日，應是一件值得高興的事，但偉生一時間實在無法撫平自己的心情，因為這一路跑來，他腦海裡不斷浮現了弟弟血流滿面的樣子，卻不知這只是惡作劇一場。平日冷靜的他，這時面對著那幾個向他誠意地唱著生日歌的同學，竟然憤怒得滿臉通紅。他聽到自己的心臟正急促地跳動，然後從心裡大聲叫嚷出來：「你們實在太過分了！」然後轉身便走。

同學實在沒有想到偉生會有這種反應，因而感到十分錯愕。本來帶著笑容，與高采烈地唱著生日歌的同學們，立刻靜了下來，互相驚訝地問：「他為什麼會這樣？發生了什麼事？」事實上，與偉生同窗多年的一些同學也從來沒有見過偉生如此憤怒的樣子。經查問後，大家才知道原來去通報的那兩位同學為了讓慶祝會添上神秘色彩，給偉生一個驚喜，便決定用偉杰受傷的理由來邀請偉生，他們以為偉生緊張過後，想必會更加開心。不料，卻適得其反，還惹得偉生的誤解。

偉生之所以如此憤怒，正是因為他當時實在相信了那兩個同學，而當他駭然發覺受騙，原來只是一個生日會時，他又怎能心情平和呢？而令他最感氣憤的是，他們竟用他最害怕的事情來欺騙他，而只是為了慶祝他從來都不重視的生日。

同學們瞭解到前因後果之後，也無話可說，他們大多也明白偉生的感受。第二天，偉生已經恢復平時的表現，因他明白同學們的用心本來是為他慶祝生日，並不是存心欺騙他的，他不但原諒了他們，也為自己昨天的表現向同學們道歉。

後來偉生眾望所歸地考上醫學院，也順利地成為醫院的住院醫師。一天，當他在急診室當值，凌晨一點，他接到消息：在大約五分鐘後，兩部出外處理一宗嚴重車禍的救護車將會回到醫院，傷者包括兩男三女，其中一人傷勢十分嚴重。從救護車所提供的報告得知，該名傷者已進入昏迷狀態，相信是因為腦部受到嚴重創傷，大量出血所致，整個急診室嚴陣以待。當救護車一到，便立刻把五個傷者送入急診室讓偉生及另外兩個醫生診治，那個傷勢相當嚴重的傷者，在進入急診室後不久，便被另一位醫生宣布已經死亡。

偉生正忙於照顧自己負責的兩名女傷者，所以沒有留意其他的傷患。當兩個傷者被安頓後，他才有機會停下來，而就在這時，他駭然接到家裡來的電話，媽媽邊說偉杰出了車禍，聽說正在他的醫院裡急救，要偉生趕快去看看。他匆匆掛了電話，立刻奔向用布簾圍繞而成的臨時病房，發現另一位醫師正在急救的男患者不是弟弟偉杰，便懷著恐懼的心情，慢慢走到另一個病床上，他終於見到那個躺著的死者，頓時令他眼花撩亂，幾乎要昏了過去。

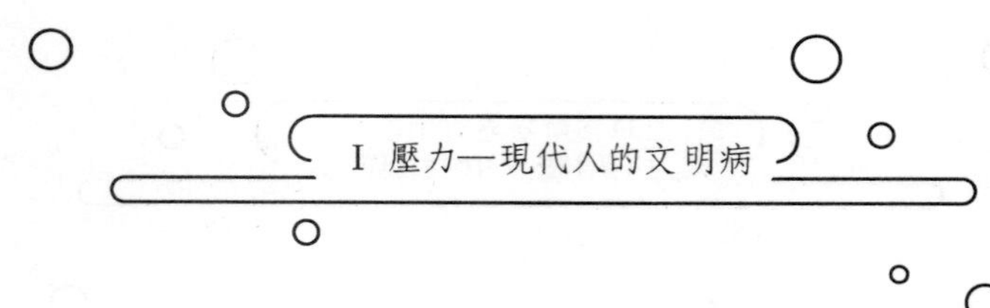


死者竟是自己的弟弟偉杰！雖然躺在病床上的人已面無血色，而且面容已被流下來的鮮血及意外發生時所受的創傷弄至難以辨認，但偉生一看便認出是偉杰。他實在無法接受眼前的情況，像不知道弟弟已被斷定死亡一樣，大聲呼叫護士進來協助進行搶救。經過數分鐘的努力，他才完全明白，無論怎樣也救不了自己的弟弟了，他已經沒有任何反應了。偉生疲倦地、絕望地伏在弟弟的屍體旁邊，大聲痛哭起來。在這時，他實在再也無法控制自己，也不能保持冷靜，而其他的醫護人員，只能站立在一旁。

弟弟去世以後，偉生便變得沉默寡言，也沒有擔任起安慰父母的責任，他除了為失去弟弟而感到痛苦之外，內心深處更不停地責怪自己。他以為那天晚上他若不堅持當班值夜，偉杰一定會在家中陪他過生日（那天恰巧是偉生的生日，正好輪到他值夜，為了避免麻煩別人代他當班，他把家裡為他準備的慶生聚餐移到第二天晚上），也就不會發生這次致命的車禍。偉生更不能原諒自己的是，他身為一個醫生，當晚又在急診室值班，竟然連弟弟進來也混然不知，而在知道後，卻什麼也做不到，在他不斷地回憶與弟弟一起成長的片段時，便更不能自制地將整件事翻來覆去地想。他自責地認為自己要對偉杰的死負全部的責任。

不斷的自責，令偉生失去自信，也導致他在工作上不能集中精神，令自信心更加低落。

♣故事三

明俊雖然是一個十分聰明，而且吸收力甚強的孩子，但他卻因為自國中開始，認識了一些叛逆性較強的同學，終日便過著逃學、四處流浪的生活，電動玩具店是他們經常聚集的地方。他的父母雖然得到學校的通知，知道兒子的情況，但除了用嚴厲懲罰的方法，打打罵罵之外，實在也不知如何是好。由於明俊父母的教育程度並不高，平日都只是依靠勞力來賺取微薄的收入，以應付一家四口的開支。他們出外工作的時間相當長，回家後便感到精疲力盡，實在沒有那麼多的時間和閒情來瞭解及栽培孩子。

明俊雖然不喜歡上學讀書，而且經常與一些自稱有黑社會背景的人物往來，但他也畢竟是個聰明和有節制的人，他只會與一些背景清白，但又和他一樣不喜歡讀書的朋友才會有較深厚的交情，而與那些吸毒、犯罪的人的交往，則只屬泛泛之交而已。

好不容易，明俊在父母的嚴厲控制下，完成了三年國中的課程後，便迫不及待地要開始工作。由於他學歷不高，所能找的工作多為送貨員或打雜的小弟等職務，一年裡換了好幾個工作，後來，在一間頗具規模的保險公司當助理。這裡的薪水雖然不比以前多，但公司卻承諾會給有誠意及潛力的員工，適當的培訓和機會，只要明俊在公司做滿半年，而且又表現良好，公司便會給他機會學習其他文書或業務的工作。

起初明俊也只是抱著嘗試的心態來做這份工作，並沒有甚麼計畫或憧憬。他只是覺得在這公司應該比小型公司要體面些，而且工作地點交通方便，公司環境既大又美觀，同事的衣著也較為講究。在這裡工作，他可以接觸較多的人，所以比以前的公司更為適合他外向、活躍的性格。

也許是興趣相合，他竟破例地在這家公司待了一年多，其間，他與同事相處十分融洽，而且與從前讀書時的態度大有不同。他不但工作勤奮，準時上班，而且經常幫助其他同事，有空時，也協助公司的業務員整理文件。就是這樣，他已從中學得了不少文書和業務的工作。

但明俊並不想當一個文書人員，在這一年裡，他觀察到不同工作崗位的職務，而其中最吸引他的，便是當保險業務員。這份工作除了有較可觀的收入外，也可認識不同階層的人，而且工作時間較有彈性，明俊覺得十分適合自己。

經由幾位當業務的同事推薦，明俊終於得到保險業務員的工作，雖然這時明俊才只有廿歲，但由於他口才不錯，有說服力，而且長相又比實際年齡成熟，因此他的業績相當不錯。而且那些以往與明俊在一起的朋友，很多已

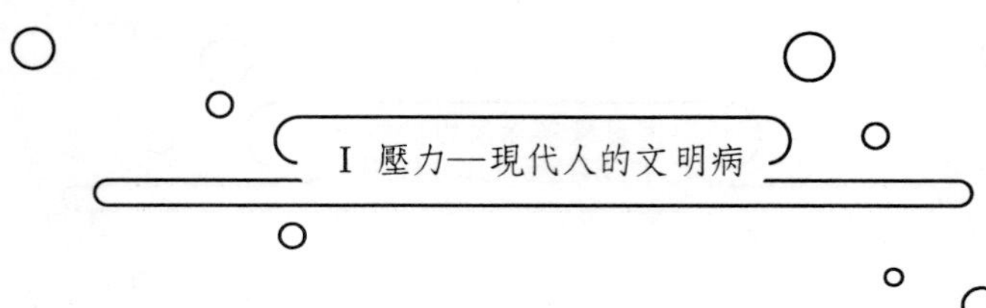


經和他一樣，早在兩三年前，開始工作生涯，他們大部分都隨著年紀的增長及社會經驗的增加，漸趨成熟穩定，有些也已成為有一技在身的技術人員，明俊找他們購買保險是再適合不過的。由於他們的文化水準不高，對於明俊用心的解釋，雖然未必能夠完全明白，但明俊的真誠及憑著大家多年來的交情，他們大多接受明俊為他們設計的保險計畫。而明俊負責任的表現，也從來沒有令朋友失望。在他的客戶名單中，從來沒有人會投訴得不到應得的保險賠償，或是效率緩慢，反之，在朋友介紹朋友的情況下，明俊得到十分好的口碑，而客戶層也在不斷地擴展。

三年後，明俊便被公司擢升為小組組長，現在的明俊，無論在外表、衣著、談吐各方面都不再是以前的黃毛小子了。他的社會經驗，加上他自己不斷學習、充實自己的努力，怎麼看也想不到他原來只有國中畢業的學歷程度。

在他努力建立自己事業的數年時間中，惟一沒有太多變化的，便是他的感情生活。自從他轉職為業務員之後，便一直與一個在同公司任職文書的女同事秀華保持男女朋友的關係。他們熟絡起來的原因，主要是因為當時明俊經常需要秀華協助處理文件，而且很多時候兩人下班後都還要留在公司加班才能完成工作。明俊便藉著這些機會，以報答秀華的幫助為理由，經常約她一起晚餐。事實上，很多時候明俊都是刻意把一些本來自己可以做好的工作，交給秀華，好讓自己能有多一些機會接近她。

外貌清秀，而性格又樂於助人的秀華，對明俊也有相當的好感。兩人由於工作上的關係，自然地相識，感情也順利地培養起來。除了明俊在工作上努力不懈之外，秀華也不斷充實自己，修讀空專一系列的會計課程，所以兩人可說是一起成長。他們之間的感情，除了為對方在失意時帶來慰藉之外，也有互相鼓勵的作用，因為彼此都希望對方能更上一層樓，而且閒來時交換一些學習新事物的心得及經驗，也是一種樂趣。

就在明俊被升為組長的前四個月，秀華已轉到另外一間薪水更高的貿易公司出任會計一職。這是秀華和明俊討論過後的結果，他們認為彼此的感情已經十分穩定，並不一定要在同一家公司上班，尤其秀華的新職有輔導員工低利貸款購屋的福利，他們計畫藉此存錢貸款買婚後的新居。一年後，秀華便利用公司給予職員的福利購買一層公寓預售屋，再等一年之後，公寓興建完成，兩人便要結婚。

買了公寓的半年之中，明俊已為了這所新居拿了一百多萬元出來，但為要應付日後更多的開支，包括新居的傢具及裝潢費用，再加上婚禮的開支，明俊不得不加把勁，更努力賺錢。他每天的工作時間差不多都要超過十二小時，連假日也用來約會那些不便在工作時間內接見他的客戶。一個人等於做了兩份業務員的工作，收入當然有所增加，但時間、精力也相對地付出了不少。

其實在這大半年裡，兩人已比以前少了見面的機會，經常只是以電話互通消息。但因明俊委實太忙、也太疲倦了，所以通常只會聊幾分鐘便掛掉電話，兩人的感情主要依靠在每個星期日晚上，秀華到明俊家裡吃飯的這個定期約會來維繫。

有一天晚上，明俊在十一點後才下班回家，洗過澡後便坐在客廳裡看電視，平日習慣早睡的妹妹竟然還沒回房睡覺，坐在明俊旁邊有一句沒一句地討論著電視的情節，然後突然站起來問明俊是不是真的打算在半年後與秀華結婚？明俊起初以為妹妹是為了他們要搬出去而吃味，於是說了些安慰她的話，妹妹卻出其不意地打斷他的話，認真地對他說今天在電影院門口看見秀華與另一個男人親熱地挽著手、說著話，明俊半信半疑，妹妹卻肯定地又將細節說一次，並描述了秀華在看到她時驚訝的表情。

明俊呆坐著，妹妹不知什麼時候自己回房去了，明俊面無表情，內心卻是波濤洶湧，悲憤交集，他想不出應該如何是好，是不是需要去質問秀華，看她有什麼反應？當然他也不停地自問，為什麼會變成這樣？是自己做錯了什麼，令秀華變心？但忽然又想，一定是有人乘虛而入，在這段自己沒有空

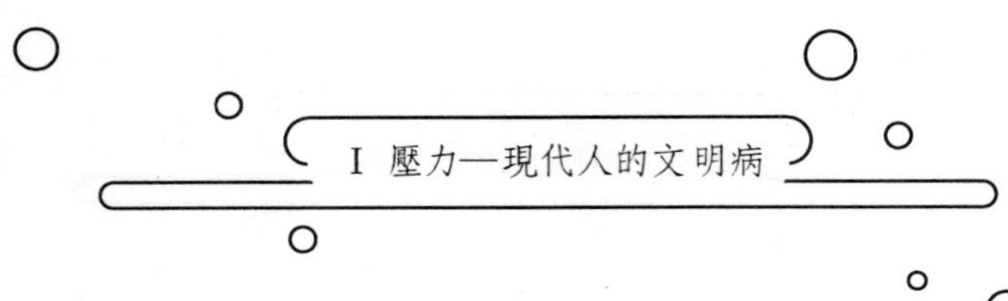


陪伴秀華的日子裡，想追求她，秀華是不會喜歡別人的。

思潮起伏到凌晨時分，電話突然響起，明俊預感到是秀華的來電，便戰戰兢兢地拿起聽筒來，果然，他的預感是正確的。秀華帶著沒有什麼感情的語氣請明俊立刻出來，告訴他有事相談，這時明俊感到如被針刺似的，但仍冷靜地答應了。

這是凌晨兩點了，秀華約他在東區的一家混沌（CHAOS）PUB見面。類似這樣的酒廊，他們以前從來就沒有來過，明俊奇怪秀華為什麼不找個安靜的地方，反而是這麼熱鬧的PUB。他有些陌生地進了混沌（CHAOS）的門，一踏進去，就馬上看到秀華的身旁有另一個男人，他心裡想著會不會就是妹妹今天看見的那個人！因明俊沒有心理準備會見到他，所以本來預備要挽留秀華、要原諒秀華的話，現在也不方便說了，一剎那，他真的不知如何是好。當他走近時，秀華便向明俊介紹那男人叫張立中，是她現在貿易公司的同事，兩人也禮貌地互相點點頭，握過了手。

大家都沉默而尷尬的坐下來，秀華首先出聲，她對明俊說，這件事原本要在星期日才跟他說的，但今天既然被他妹妹遇見了，她和「立中」決定今晚就與他說清楚。明俊心知不妙，但只好繼續呆呆地聽下去，秀華接著告訴明俊說她和立中的感情已有半年多，她發覺立中比較適合她自己，希望明俊成全。秀華的話說得很明白，明俊看著秀華，實在不相信自己所聽到的，不禁帶顫抖的聲音，只能說出一句在這個時候已經沒有什麼意義的話來：「秀華，為什麼？」

立中似乎要防止明俊會糾纏下去，便插口說：「秀華已經說得很清楚，男女之間的感情是難解釋的，而我和秀華有著深厚的感情，我真的對她很有誠意，你可以放心。至於你和她一起貸款的那棟公寓，雖然是在秀華的名下，但我會把你已經付的錢，全部連本帶利還給你的，希望你們好聚好散，不要再糾纏秀華。」忽然，明俊竟覺自己變成了第三者，被他們兩人視為外來的侵犯者，明俊百感交集，呆坐了一會兒，沒說一句話就離開了。

那次見面之後，明俊再沒有找秀華，一星期後，立中也守信地把明俊花在那棟公寓的錢，連本帶利交還給他，甚至將物價上升的差額，也計算在內，真的是完全沒有占他任何便宜。但對明俊來說，他的損失卻不能用金錢來衡量。

自這個悲傷的經歷之後，明俊便終日以工作來麻醉自己，他比以前更加忙碌、更加賣力，只是為逃避去想起秀華和這件事。一年如是，兩年如是，明俊已成為一個感情麻木的人，除了在工作關係上，要與一些女同事、女客戶交談外，他不會與其他任何女人有任何接觸。對明俊而言，經過了被秀華拋棄的經歷，他便決心以後不再談戀愛，因為那次的事，除了讓他對和秀華多年的感情感到傷心，他也為被女人拋棄是一件值得羞恥的事情，他絕不再接受第二次的打擊，他實在背不起那麼沉重的擔子。他對自己說，以後不能再信任女人，把感情交給她們，而要完全避免再次被女性拋棄，最好就是不要再付出自己真正的感情。

壓力！壓力！上班族要升遷、學生要考試、職業婦女要兼顧事業與家庭……。現代人每天都有不同的生活壓力與煩惱，經常弄得精神不濟、身體不適。而當受壓力「威脅」、甚至「受害」的現代人急著以刻意營造的外力來紓解時，往往卻發現因此帶來更多的壓力。例如：上班族天天面對積壓成堆的公事，學生天天面對積壓成堆的書本，職業婦女天天面對積壓成堆的家務。為了放鬆緊張的精神，紛紛安排下班後去PUB喝一夜的酒，考完試後去柏青哥玩一整天的賭博鋼珠，星期假日去瘋狂地逛街購物……。然而通常的結果都是喝了整晚的酒，讓隔天的工作效率減到最後，還錯誤百出；打了一天的柏青哥，讓爸媽狠狠地訓了頓，被沒收了這個月的零用錢；買了兩手滿滿的衣物，讓這個月的家用差點見底，使得私房錢也不得不挪來補貼……。雖然這些排解壓力的方法並沒有如願地達成任務，但是，除此之外，似乎也沒有其他更好的方法，下一次，他們又會同樣地上PUB、同樣地跑柏青哥、同樣地逛百貨公司。

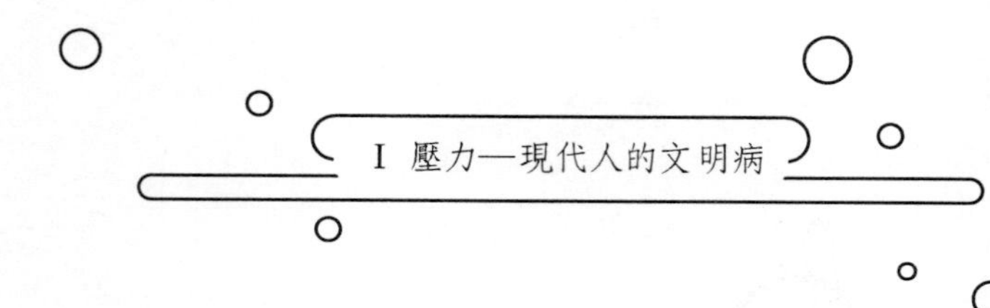


由上文所述現代人的壓力困境，以及解決壓力的兩難，我們不難理解：為什麼「壓力」被稱為是現代文明的疾病了？

在二十世紀初期，一位著名的匈牙利學者法蘭西斯（Francis Volgyesi）博士，做了一個在當時絲毫引不起眾人關心，更別說認同的預言，他提出警告，認為：「除非我們改變我們的生活的形態，否則下一個世紀將會是個『神經緊張』的世紀」。

到了二十世紀即將結束的現在，我們驚訝地發現，二十世紀文明的本質的確與法蘭斯博士所作的預言相類似，我們的時代已經被冠之以各種不同的名稱，但它們差不多都是相類似的意涵，諸如「阿斯匹靈的時代」、「緊張焦慮的時代」……，說得更確切、具體一點，便是「壓力的時代」。

# 1・認識壓力

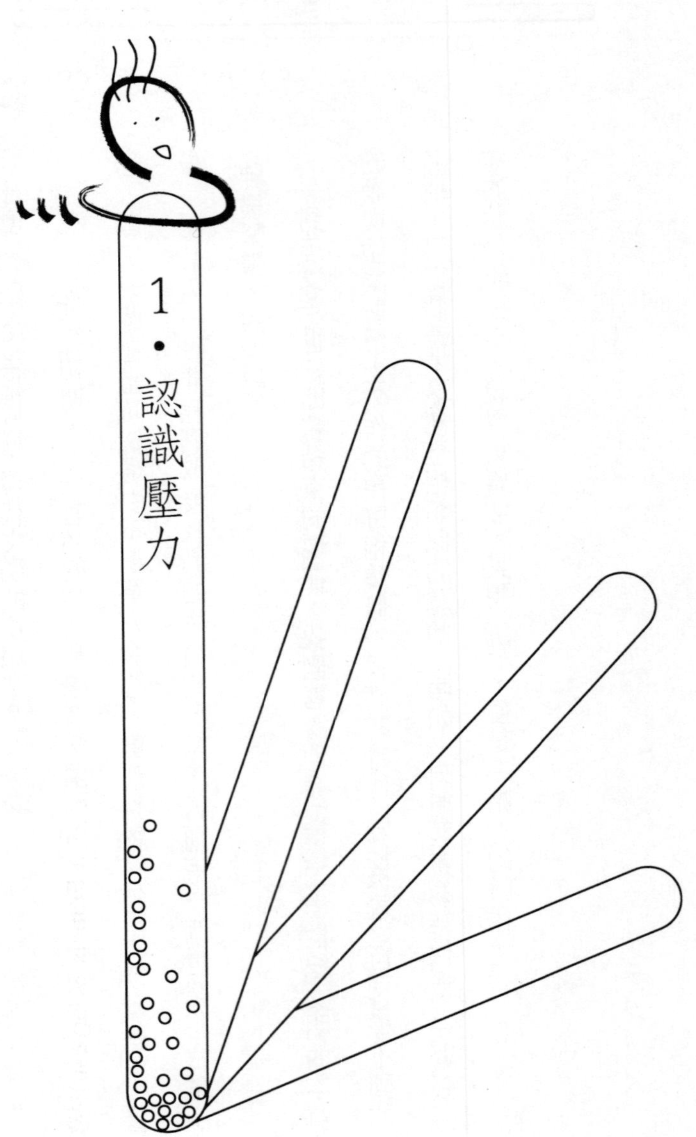

♣故事四

小明和小華是同班同學，兩個人一直是好朋友，下課和放學都經常在一起玩，平常在學校的學業表現是小明略勝小華一籌，但是在很多次的月考和期考中，小明卻經常出現不如小華的成績。通常成績公布後，小明會因此顯得很懊惱，時間還持續得很長，老師也對小明這種不穩定的學業表現覺得很奇怪。

再過兩個禮拜就是學校的期末考了，老師為鼓勵學生重視這次考試，特別在班上宣布，在這次考試中獲得前三名的同學，可以在這學期結業典禮的時候，代表全班上台接受校長的頒獎。小明和小華聽完都很高興，希望好好爭取這個難得的機會。

為了與班上其他的「高手」一較高下，他們兩人訂了一個讀書計畫，相約每天早上提早半個小時上學、下午延後一個小時回家，在學校一起討論不懂的問題。小明自從第一個早上開始，每天比約定的時間又早了半個小時到校，他為了不要在路上花掉太多時間，原來走路就很快的他，這幾天更改成跑步上學，每天從家裡一路跑步到學校，一到教室，不但氣喘吁吁無法靜下來好好唸書，而且又為了節省時間，甚至把早餐都省了，導致一整天上課的精神都不好；反觀小華，小華每個早上都睡得飽飽的，也都在家裡從從容容地把媽媽所準備的早餐吃完，心情愉快地到學校和小明研究功課。

結果，到了考試的前一天，小明因為沒吃早餐肚子餓，拿了早上在上學路上買的熱狗和可樂當點心吃，他是看到了攤子旁邊飛滿了蒼蠅，不過沒有太在意，到了中午果然因為所吃熱狗不衛生，臨時鬧肚子疼，只好請了半天假在保健中心躺了一下午，不但錯過了老師為他們做的考前總復習，下午回家的路上還有點體力不支。

考完試後，如同前幾次一樣，小華又考得比小明好，甚至也比以前更好，拿到了第二名，小明卻名落孫山。小明在知道自己失去了上台領獎的機會後，趴在桌上哭了，哭得很傷心，一整天不和小華說話，老師安慰他的話也好像都沒聽進耳朵裡去，同學為了慶祝暑假來臨，都在教室外面玩，他仍舊無動於衷。老師陪他回家時，由媽媽口中知道，小明從小就是一個對自己期望很高、做事很努力的孩子，他凡事都希望做得很好，都希望得到父母、師長的歡心，但是求好心切，過於急躁，使得結果反而不如理想，小明也因此經常很沮喪。

老師知道以後，建議小明平常走路的速度可以慢一點，假日可以偶爾和爸爸去河邊釣魚，練練耐性，情緒儘量放輕鬆，不要經常讓自己處在很緊張的狀態，對於自己能力上難以達成的工作，不要勉強去做，盡力就好，最好還能養成欣賞、讚美別人的態度。小明想了想，這些都是以前沒注意到的事，他馬上拿起電話打給小華，邀他明天一起和爸去釣魚。

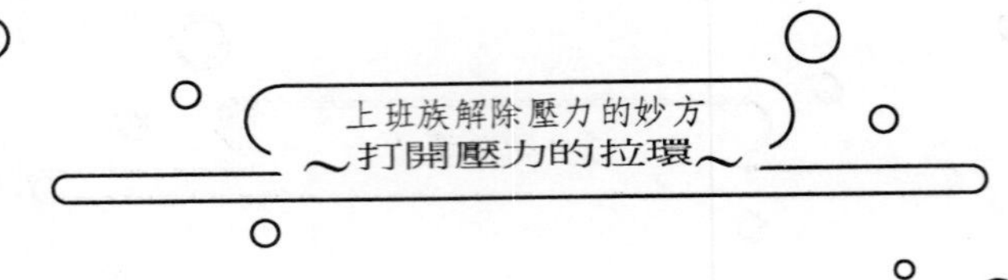


## ✿什麼是壓力？

### ※壓力與助力

小明因一個重要的考試，緊張過度，導致名次不如理想；但是小華卻因同樣一個重要的考試，從從容容地應付，表現超乎平常的水準──「壓力」，通常在一般人眼裡，都會被迫與「挫折」、「焦慮」，甚至「生氣」等痛苦的情緒劃上等號。但是經由以上的例子，我們不得不承認，「壓力」其實也會給我們帶來一種推力，激發內在潛能的發揮，如果沒有這些壓力來要求我們全神貫注，我們也許很難有機會發現自己有著驚人的能力呢！

曾經就有人做過研究，人所受到的壓力程度（或激發的程度）與其工作表現不一定就呈現簡單的反面狀態或正面狀態。經由資料繪圖顯示，壓力如

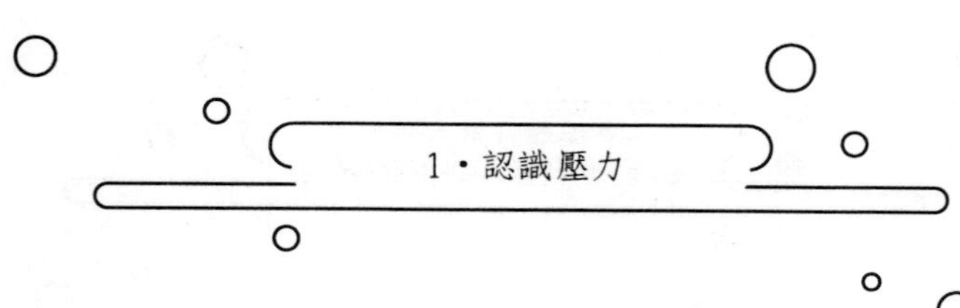


果由小漸大，其工作表現通常會隨著壓力的增加，而慢慢升高；但是，如果壓力超過了個人所能夠承受的頂點，人的工作表現就會慢慢地往下降，也就是，在頂點之後，壓力愈大，工作表現的水平就愈差。因此，適度的壓力刺激，是會提高我們的工作表現的，而其所產生的工作成果，更會給我們帶來「滿意」、「信心」與「快樂」的情緒，而不是前面所說的「挫折」、「焦慮」與「生氣」——當然，我們必須注意這壓力的程度是不是已經超出我們所能承受的負荷。

在前述的例子裡，我們也獲得了另一個發現，那便是，一樣生活在相同的環境（或者壓力）下，有人接到來自內心的警告聲告訴他：「好累哦！」「好辛苦哦！」「壓力好大哦！」而生病了，有人卻能聽到內心裡的另一種聲音「這是個好機會！好好利用！」，成功地轉化「壓力」變成「助力」，幫助自己完成平常也許永遠做不好的工作；他不但沒有生病，反而比沒有壓力的時候還要過得更快樂，更有成就感。這是為什麼呢？這其實全是因為「人」

的不同；人因為性格不同、處事的方法不同、態度也不同，造成雖有同樣的「因」，但卻有兩種迥然不同的「果」，這樣出人意表的結果提醒了我們一個積極的觀念——環境是可以控制的，壓力更是可以管理的。

為了要準確地利用我們所遇到的壓力，首先必須瞭解「壓力」是什麼？「壓力」通常會在何種情況下產生？如果依小明的例子來說，「壓力」便是一個人估計環境的要求超過了自己估計的應付的能力，此時，這個要求和應付能力之間的差距，便是他所感受到的「壓力」。

除了為了某種特定事件，而感受到的明確壓力，我們在日常生活中，其實或多或少、或大或小也不斷地在承受著壓力的威脅，只不過，因為這些日常的壓力不容易被我們發覺，所被我們粗心地忽略掉了。我們其實可以好好地檢查以下這些壓力來源，藉以好好利用將它們變成正向、有幫助的行為動力。

首先，何謂「壓力」呢？遍查許多書籍、醫學報告、雜誌與報紙論文，

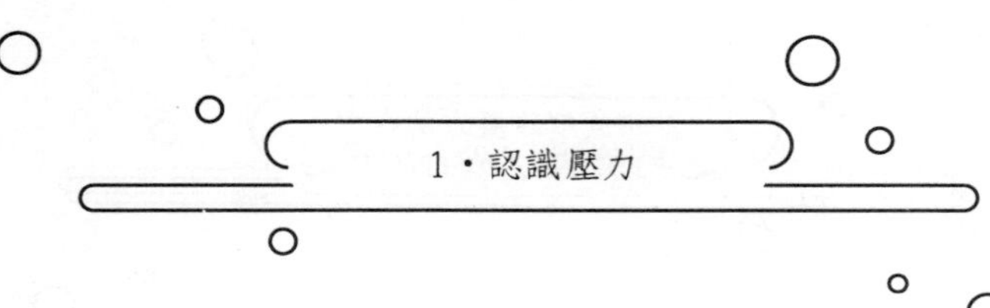


舉凡和壓力有關的文獻，我們幾乎找不到對「壓力」這名詞比較嚴格性的定義；而一般性的定義，則依其觀點的不同，主要分為兩大類：一者，著重於生物體的適應力與其所承受的壓力之間的關係；另一個，則著重於壓力刺激的反應或其本身的建立以及紓解。

班森（Herbert Benson）博士在《放鬆反應》這本書中，曾經做了以下正式的強調，他將「壓力」定義為「會使行為做連續性適應的一種狀況情境」。

然而，大部分科學性的定義，多著眼於人類對於壓力的反應與經驗，馬卡尼斯（Richard Mackarness）博士在他的大作《別全放在心上》一書中下了一個相當明確的「壓力」定義，對我們在瞭解「壓力」這個名詞上，這個定義給了很大的幫助。他說：

「壓力，以科學性的語言來說，乃是有機體（生物）為了在具有傷害能力的媒介（動因）中，維持本身正常的狀態，其中接二連三掙扎就稱為『壓力』。」

在生活中，比較明確而具體的壓力包括哪些呢？華聖頓大學醫學院的心理學家湯瑪斯．何姆斯博士與李查．拉赫博士將一般大眾對此的認知，製作成一張壓力事件調查表，他們給三百九十四位包含不同年齡和社會背景的男女各一張包含四十三項日常生活會發生的事件表，並要求他們對於事件所可能給予的打擊做量化等級評估，壓力最大的項目估定為一百分，其他事件類推依次列下。三百九十四份表格統計完成後，兩位心理學家稱之為「社會再適應性量表」。

高分，所代表的意義便是，配偶死亡被認為生活之中，可能造成最大影響的壓力事件。更驚人的是，在兩位博士的後續追調查中，將「配偶死亡」列為最大壓力事件的鰥夫及寡婦，他們在其配偶死亡後的十二個月內死亡的比率，比起同年齡人的死亡率高出十倍。博士於是得到另一個結論：當個人

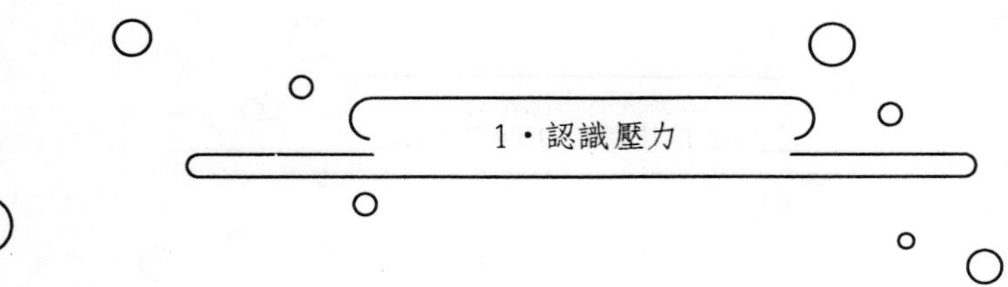


表1　社會再適應量表

| 事　　件 | 衝擊程度 | 事　　件 | 衝擊程度 |
|---|---|---|---|
| 配偶死亡 | 100 | 子女離開家門 | 29 |
| 離婚 | 73 | 與姻親有相處上的困擾 | 29 |
| 夫妻的分居 | 65 | 個人有傑出成就 | 28 |
| 牢獄之災 | 63 | 配偶開始或停止工作 | 26 |
| 家族近親死亡 | 63 | 開始上學或停止上學 | 26 |
| 個人身體有重傷害或疾病 | 53 | 社會地位的變動 | 25 |
| 結婚 | 50 | 個人習慣的修正 | 24 |
| 被解僱 | 47 | 與上司有所不和 | 23 |
| 夫妻間的調停、和解 | 45 | 工作時數的變動 | 20 |
| 退休 | 45 | 居住處所的變動 | 20 |
| 家庭成員的健康狀況不好 | 44 | 就讀學校的變動 | 20 |
| 懷孕 | 40 | 娛樂、消遣活動的變動 | 19 |
| 性困擾 | 39 | 教堂活動的變動 | 19 |
| 家中有新成員產生（嬰兒） | 39 | 社交活動的變動 | 18 |
| 職業上的再適應 | 39 | 較輕微的財務損失 | 17 |
| 財務狀況的變動 | 38 | 睡眠習慣的改變 | 16 |
| 好友死亡 | 37 | 家庭成員總數的改變 | 15 |
| 轉變行業 | 36 | 進食習慣的改變 | 15 |
| 與配偶爭吵次數有變動 | 35 | 假期 | 13 |
| 負債未還、抵押被沒收 | 31 | 聖誕節 | 12 |
| 設定抵押或借債 | 30 | 違反交通規則 | 11 |
| 工作責任的變動 | 29 | | |

資料來源：《減壓技巧》，David Fontana著，邵蜀望譯，台灣商務印書館，頁52-53；《壓力終結者》，張小鳳、劉以桂、邱大昕譯著，自立晚報文化出版部，頁6-7，表2。

認為的重大壓力發生在自己身上時，其生活或生命將遭受重大的威脅。

「社會再適應性量表」藉由後續追蹤，提醒了我們壓力的重要性；以所列的項目來看，我們也不難發現，「壓力」其實是一個普遍存在的問題，它潛藏在我們的日常生活中，悲傷的事件有壓力存在；快樂的事件也同樣有壓力存在。

在這個講究「速度」、「效率」、講究「成功」、「成就」的時代，我們無法浪費太多時間，任由壓力的傷痕「自然癒合」。因此，學習如何正視它、如何處理它，才是積極、健康的態度。

# ✤壓力產生的原因

## ※壓力無分大小

瞭解了「壓力」的意義，接著我們繼續探討「壓力」產生的原因。

事實上，就生活層面來說，「壓力」的發生並不一定都是很重、很痛的事件，親人生病、搬走或死亡、天災地變、考試失敗、車禍受傷等固然都是「壓力」；不過，諸如結婚、慶祝一個小寶寶的到臨、戀愛、度假等令人愉快的事件，以及約會遇到塞車、考試碰巧原子筆沒水、失眠卻聽到隔床室友打鼾等小小的困擾，也同樣會造成「壓力」。

簡而言之，任何生活上的變動，大自超越了個人能力所能處理的事情，小至擾亂了個人平衡狀態的大小事件，都會是「壓力」的來源；這些可以預

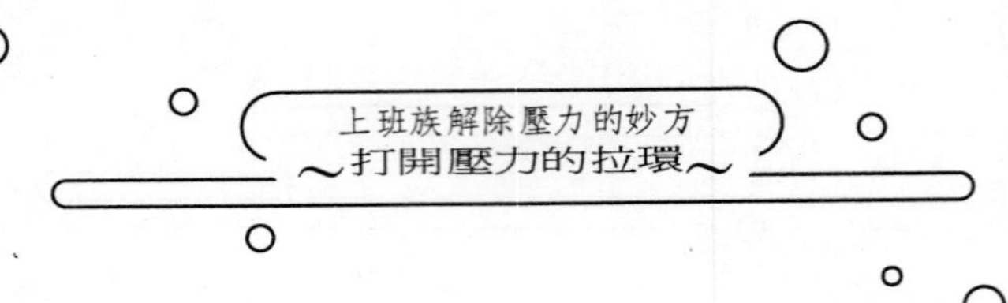


測的，以及不可預測的刺激事件，也都會給我們帶來或大或小的「壓力」。

心理學家理查·拉塞魯（Richard Lazarus）指出，當一個人遇到了某種內在或外在刺激，是不是會演變成「壓力」，全賴個人兩個階段的評估，第一階段是初步的評估。也就是評定壓力來源的嚴重性，他會問：「發生了什麼事？」和「這件事對我是好的、有壓力的，還是無關緊要的呢？」

一旦他評估的結果是「有壓力的，而且是重要的！」，此時，「壓力」便已形成，於是展開第二階段的次級評估。在這個階段裡，他會去評量自己以及自身周遭可以利用的資源，例如，為重考聯考而上補習班，請兄姐代向父母求情寬恕所犯的過錯等。假使第一個「反壓力」的行動沒有產生「解決壓力」的效應時，他會繼續施行其他策略。不過，如果不斷地失敗，而使「壓力」一直存在，「壓力」便會如同慢性病一樣，變成心理上長期的障礙，進而對個人產生長久的陰影，重大者，甚至形成性格上的改變。

造成長期性不良影響的情況，自然是不多的，但是這種情況的發生，也不是沒有脈絡可尋；通常，個人若過於著重該「壓力」的威脅層面，或是一味強調人的焦慮和緊張狀態，就比較容易出現上述情況。一般來說，「壓力」被想像得愈重大，就愈不容易解決——即使觀上他是有能力解決的。更有趣的是，假使個人事先評估某項「壓力」不是他能力所能處理的，他便很有可能會真的失敗，即如許多醫生呼籲病人要對自己的病情有信心，因為醫生知道，病人的態度是決定病情是否能減輕，甚至完全康復的一大要素。

當然，如果個人在第一個階段的初級評估中，就不認為該刺激會對他構成「壓力」時，則「壓力」便不存在。由此，我們可以發現，「壓力」之所以形成，或者「壓力」究竟會有多嚴重，完全是個人因素所決定——個人依其本身的能力以及周遭可利用的資源來加以評估，始可決定「壓力」的形成，以及威脅性。

綜合以上，我們得知一個主觀的結論：個人的認知，是「壓力」產生的主要原因；以下，我們由另一個較為客觀的面向，來討論「壓力」的產生。

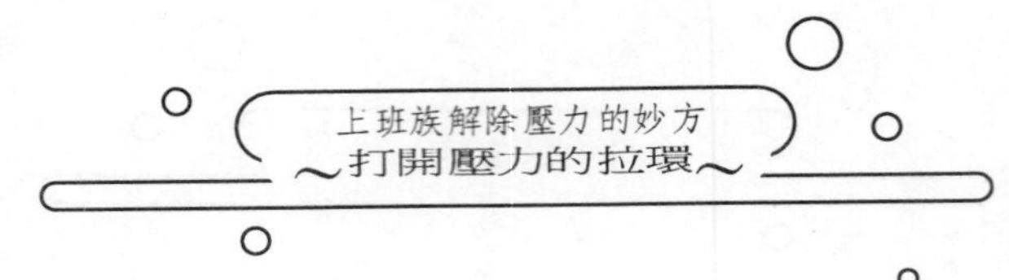


## ※生活中的壓力源

前面提到，生活中的「壓力」來自然界的，以及非自然界的變動，包括個人本身、周圍環境的刺激，所造成個人身體以及心理的不適應狀態。在此，我們以幾個主要的壓力源一一說明：

1.重要的生活變動

生活方面突然的變動是造成「壓力」的主要來源之一，這些變動是我們較難有效地加以處理的，所以有時候會造成我們身體上的不適或疾病。即使如突然中了統一發票兩百萬特獎是我們所歡迎的，但這些諸如換一部新車、計畫一次出國旅行等令人愉快的事件，因為會造成我們日常生活的重大變動，也會使我們必須面對新的生活需求以及新的環境要求，所以仍然是有壓力性的。

2.生活中的小困擾

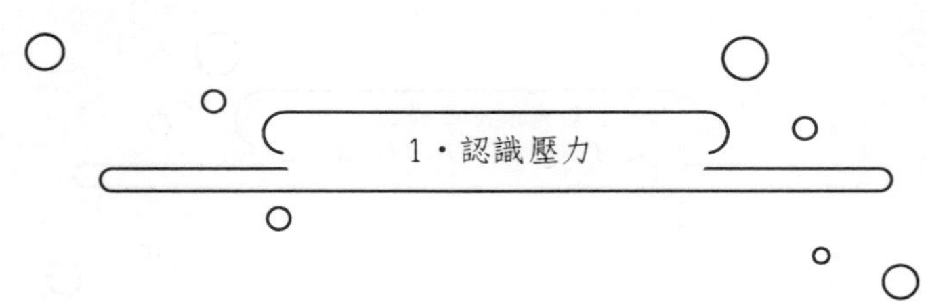


我們的生活中不可避免地充滿了各種不同的小挫折，例如電腦資料正在使用中卻遇上停電，使辛苦建立的資料不翼而飛。又如穿著一身漂亮新衣參加年終酒會，卻不小心沾了一處醬油等，這些小困擾累積起來，會不會成為足以破壞健康的壓力來源呢？答案是肯定的。

曾有一項研究，由一百個白種人記錄下他們在一年中所碰到日常困擾，結果發現在困擾與健康問題之間存在一個明顯的關係：當人們所指出的困擾，在其頻率或強度提高時，他們的健康狀況也較差——包括心理和身體兩者。這除說明生活困擾會形成壓力之外，另一方面也說明了心理歷程與生理歷程之間有著密切的關係。

3. 災變事件

災變發生不僅對傷殘的受害者來說是一件重大的壓力事件；對現場目擊者、前往救援的人、該地區醫院的工作人員、受害者的親

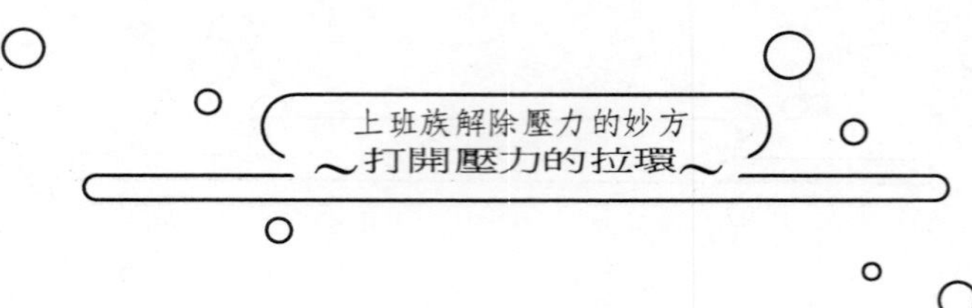


友及從各種傳播媒體知道或看到這事件的人來說，也都會感受到或大或小的壓力。

即如台灣不久前發生的幾起娛樂場所的火災事件，除了對受到燒傷的受害當事人，是一次重大的傷害壓力事件，對災變死亡者的家人、曾經目擊的生還者、前往救火的消防人員、附近接受處理傷患的醫護人員、負責主事的行政官員，甚至相同性質的娛樂場所，以及透過媒體知道該事件的廣大民眾等，都深深地受到衝擊。他們或者自己遭遇傷殘，或者痛失親人，或者親眼目睹慘狀，或者必須因此負起行政失誤的責任等，都承受了壓力，甚至，對同為經營娛樂場所的商家主人來說，更因為民眾因此在選擇娛樂場所時多出來的恐懼心理，也產生了營運上的莫大壓力。

**4.長期的社會性壓力來源**

現今會造成人民壓力的社會事件，莫過於生活空間過度擁擠、

106-□□

台北市新生南路3段88號5F之6

揚智文化事業股份有限公司 收

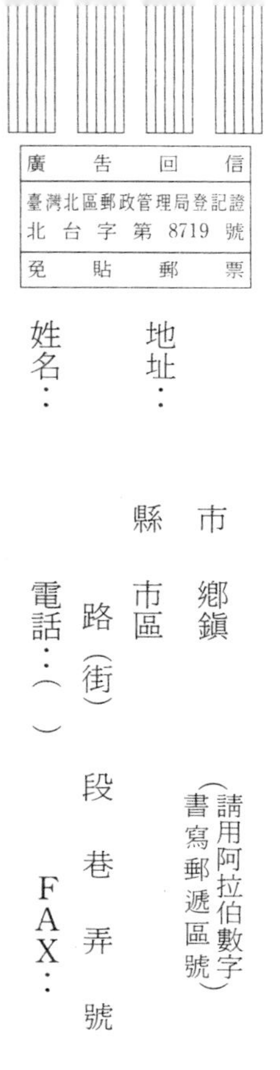

廣告回信
臺灣北區郵政管理局登記證
北台字第 8719 號
免貼郵票

姓名：

地址：

市　縣

鄉鎮　市區

路（街）　段　巷　弄　號　樓

電話：（　）

FAX：

（請用阿拉伯數字書寫郵遞區號）

□□□-□□

□揚智文化公司　□亞太出版社　□生智出版社

謝謝您購買這本書。

爲加強對讀者的服務，請您詳細塡寫本卡各欄資料，投入郵筒寄回給我們（免貼郵票）。

您購買的書名：＿＿＿＿＿＿＿＿＿＿＿＿＿＿＿＿

購買書店：＿＿＿＿＿＿市/縣＿＿＿＿＿＿書店

性　　別：□男　□女

婚　　姻：□已婚　□未婚

生　　日：＿＿年＿＿月＿＿日

職　　業：□①製造業　□②銷售業　□③金融業　□④資訊業
□⑤學生　□⑥大衆傳播　□⑦自由業　□⑧服務業
□⑨軍警　□⑩公　□⑪教　□⑫其他＿＿＿＿

教育程度：□①高中以下（含高中）　□②大專　□③研究所

職 位 別：□①負責人　□②高階主管　□③中級主管
□④一般職員　□⑤專業人員

您通常以何種方式購書？

□①逛書店　□②劃撥郵購　□③電話訂購　□④傳眞訂購
□⑤團體訂購　□⑥其他

對我們的建議

表2　壓力的來源及反應

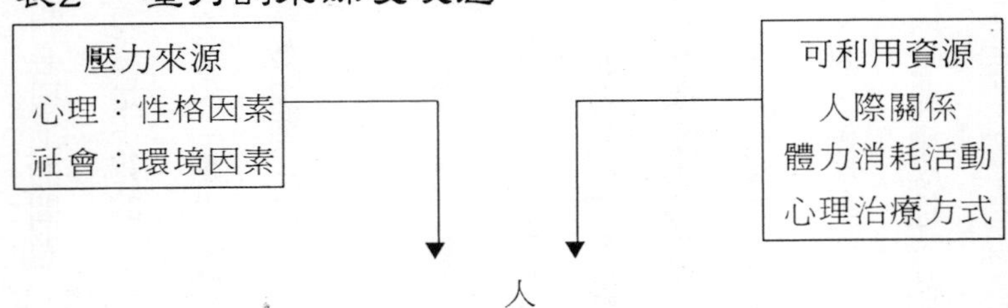


| 可能的反應 | | | |
|---|---|---|---|
| 生理方面 | 行為方面 | 情緒方面 | 認知方面 |
| 免疫力降低<br>血管心臟疾病<br>早死 | 活動量異常<br>行為受干擾<br>刻板固執行為<br>自毀、毀人行為 | 害怕、焦慮、生氣<br>自我防衛<br>崩潰 | 重新計畫<br>知覺狹窄 |

資料來源：《壓力：失落的危機處理》，馮觀富著，心理出版社，頁20-22。

經濟衰退、社會安全、環境污染，以台灣而言，也許還有中共犯台的疑懼。

經由精神病院的住院人數、嬰兒死亡率、自殺率、酗酒致死及心臟血管方面患病率都有顯著升高來看，現在的時代確乎存在著比較多的壓力現象。這些問題不僅是科學技術上的問題，而且也是政治上和心理上的問題。要解決這些社會事件所造成的壓力問題，單賴個人微薄的力量是不夠的，它必須借重整個社會的共同努力，才有可能完成。

談到「壓力」的產生，有個人心理因素，也有大環境的社會因素，而如何有效處理「壓力」呢？首重釐清「壓力」的形成，當然仍需個人主動的排除。

最後，我們藉由前面的圖表來瞭解壓力的身心歷程：壓力的來源——認知評估——可能的反應。

前表總括了本書所討論的主要關係脈絡。對於壓力情境的認知評估影響壓力本身以及身體、社會個人可得的處理資源，壓力情境也受到它們的影響。個體包含了生理、心理以及文化特質獨特的結合，對於威脅以下同的方式反應，包括生理、行為、情結以及認知反應，其中某些是適應性的，而某些則是非適應性，甚至致命的（圖表所列者，將在全書各章節中說明）。

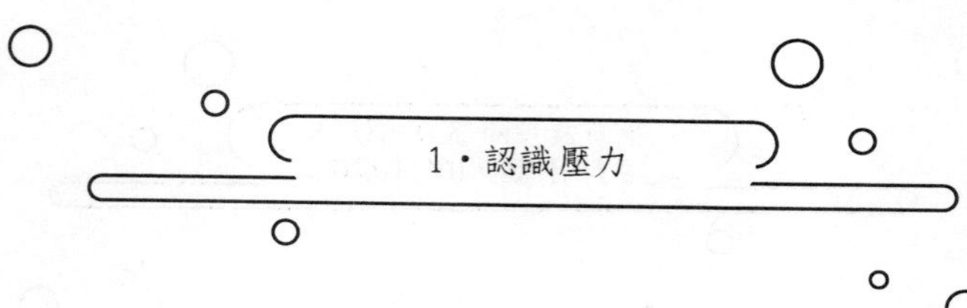

# ✚男、女所承受的壓力

## ※壓力男、女有別

壓力發生的原因很多，在報紙的社會版面，我們經常可以讀到一些自殺的事件，或為情所困、或聯考壓力、或身體健康、或負債難償、或者各種人自以為衝不破的難關等等。

因為台灣近年來的自殺率有明顯升高的現象，引起社會普遍的關切。一九九五年六月，台灣媒體曾公布了一項調查，以男女性別為區分，分別統計兩性自殺傾向的比率如何，結果發現女性要比男性高出許多；意即，以男女兩種性別來區分，曾經有過自殺念頭的女性，在比率上，比男性有此念頭者高出許多。這項調查結果適時地得到醫學界的解釋，醫界指出，男女在自殺傾向上有如此差別，其原因可能與人腦的某一處腦葉有關。

據瞭解，人類大腦後方有一處腦葉，專司情緒的變化，如果該腦葉的活動性特別地強，或特別地弱，則較容易影響個人，出現極端的情緒反應。據解剖學上的發現，女性那片腦葉的活動性要比男性強得多，因此，女性比較有容易沮喪、容易傷感的傾向，在處理不佳時，難免會出現特別激烈，或者特別沉鬱的反應，例如歇斯底里、鬱鬱寡歡、甚至自毀、自殺等行為。在以上的分析中，就情緒性的壓力而言，女性似乎承受著較大的內在壓力；但在另一方面，我們歷年的男女平均壽命及若干與壓力有關的心臟血管疾病死亡率得知，男性其實也承受著多種外來的社會性壓力，使其背負心理上的負擔，而反應在生理的疾病上。

整體而言，人們早就發現，男人的壽命比女人要短。據一九八〇年的統計顯示，平均壽命男人比女人少八歲。另外，在主要的死因中，也有顯著的性別差異，如後表所示，有好幾種疾病，男性的死亡率超過女性，而且，在

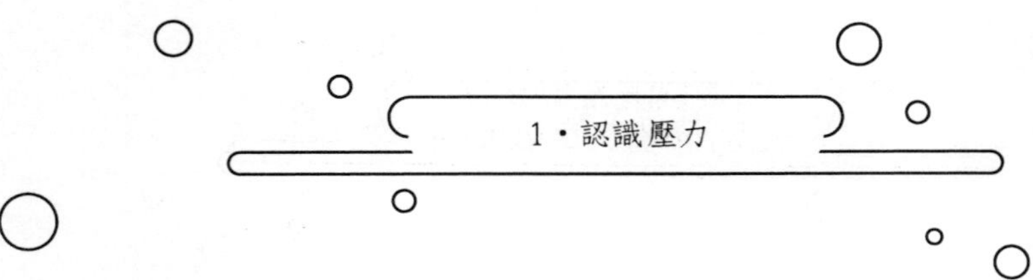


表3　各項致死因素統計表

| 致死因素 | 占死亡人數的百分比 | 男性對女性死亡人數的比值 |
|---|---|---|
| 心臟病 | 28.3 | 28.3 |
| 癌症 | 20.9 | 20.9 |
| 腦血管疾病 | 9.6 | 9.6 |
| 意外事故 | 5.3 | 5.3 |
| 肺病（氣喘、支氣管炎、肺氣腫） | 2.8 | 2.8 |
| 流行性感冒和肺炎 | 2.7 | 2.7 |
| 糖尿病 | 1.8 | 1.8 |
| 肝硬化 | 1.5 | 1.5 |
| 動脈硬化 | 1.5 | 1.5 |
| 自殺 | 1.4 | 1.4 |
| 他殺 | 1.2 | 1.2 |
| 幼兒期的原因 | 1.1 | 1.1 |

資料處理：《壓力：失落的危機處理》，馮觀富著，心理出版社，頁69-84。

他殺、自殺和意外事故死亡的人數上，男性也比女性多出很多。對於性別差異與死因之間關係的分析顯示，生活方式其實是生活遭受壓力，或者說，是造成疾病及死亡的首要原因，反而不是生物（生理）方面的因素；意即，後天學來的部分男性性別角色行為，使男

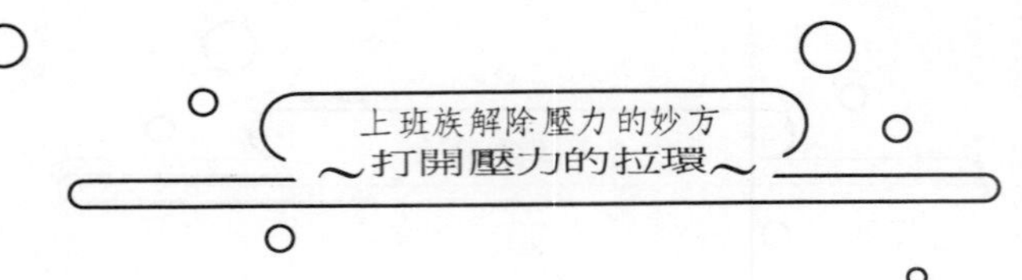


性承受較大的壓力及危險。

生物學者華德倫歸結說：

「這些死因都與男性的行為有所關連，也就是說，這些行為在男性社會中較受到鼓勵與接受，諸如使用槍械、飲酒、抽菸、擔任較有危險性的工作等。因此，我們社會中的這些男性化行為，是造成男性壽命較短的一個主要因素。」

## ※社會傳統造成壓力

也許男、女所承受的壓力，的確受到了生理差別影響，而使相同的環境刺激，對女性構成壓力，對男性卻沒有造成困擾；但是，除此之外，我們也由台灣近來的女性運動中，發覺許多以前未曾注意過的社會因素。

女性主義主張擺脫傳統父權勢力對女性的壓制，要求女性得以在平等對

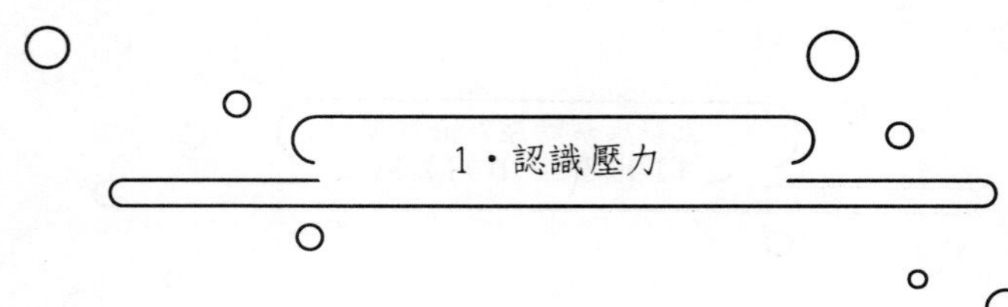


待的基礎上，與男性共同完成社會的建造。我們固然在其中看到了傳統封建社會中，女性被奴化、被物化、被貶低地位、被限制個人發展的不公平遭遇，不過，由另一個角度來看，我們也同樣看到了父權社會中的男性是如何被要求成為一個強者、成為一個餵食者、成為一個有能者、甚至成為一個不敗的英雄。這些無論對女性，或者男性，都是一種社會性的壓力，一種長久存在的刻板印象，要求著其中的女性，必須依照原來社會規定的女性模式去做，同時，也一樣要求著其中的男性，必須依照原來社會規定的男性模式去做。久而久之，我們的社會便定型了、僵化了，當女性不願照著母親的模式，做一個只能順從男性意見、不能有自己主張的傀儡時，她會遭到來自社會不友善的眼神，認為她沒有「婦德」；同理，當一個男性不願照著父親的模式，做一個必須時時保持不敗地決策者時，他也會遭到來自社會鄙夷的眼神，認為他不像個「男子漢」。在社會的刻板印象中，男女各有其規範、各有其限制，這是痛苦的，「壓力」隨之產生。

故而，「壓力」除了來自個人主觀的認定，也來自社會主觀的指定。社會的既有觀念，給了女性必須以家庭為重，必要時放棄工作；必須舉止端莊溫柔，活潑好動就被認為沒有家教；必須在工作中隱藏頭角，免得被誤為以「特殊關係」高升。所以當女性因為工作不得不請丈夫幫忙家務時，她可能必須背負「不是好妻子、不是好母親」的罪名。同樣地，社會的既有觀念，也給了男性必須有一個好工作，來養家活口，必須男兒有淚不輕彈，必須看到蟑螂時勇敢地向前「追殺」。所以當男性打扮入時，說話輕聲細語時，他可能會被認缺乏男子氣概，甚至被封上「娘娘腔」等帶有羞辱口吻的稱號。

在工作場合中，男女兩性所承受的壓力情況，大多是：

1. 女性與男性同工卻不同酬。
2. 能力強的女性無法合理爭取相同的地位；而部分獲得高職位的「女強人」卻被描述成性格怪異的「特種人類」。

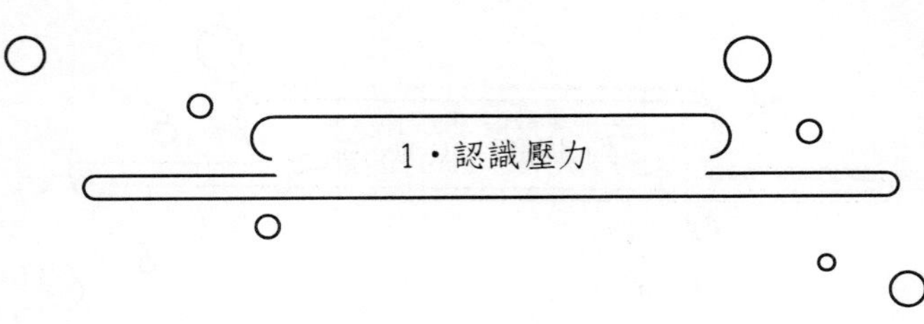

3. 未婚女性容易被傳捲入辦公室戀情中，在同事間倍受壓力。
4. 已婚女性要兼顧工作與家庭的平衡，台灣在最近甚至傳出某些公司機構對女性設有「單身條款」的條件要求，迫使部分女性不得不放棄家庭生活。
5. 男性多背負家中經濟的主要開支，收入多寡是主要壓力。
6. 男性傾向在工作中獲得成就感，而使職場地位穩固與否、工作效率優劣與否、與上司關係良好與否等問題加重其工作負擔。
7. 太太的薪水比自己高，有損「大丈夫」顏面。
8. 必須經常超時工作，妻小抱怨，上司卻仍嫌不足，而有「一枝蠟燭兩頭燒」的窘況。

對男、女的性別角色，社會早有明確的藍圖，如果個人違背了，便會立即面對來自社會的質疑，外在的壓力隨之成形；然而，一旦放棄個人的意

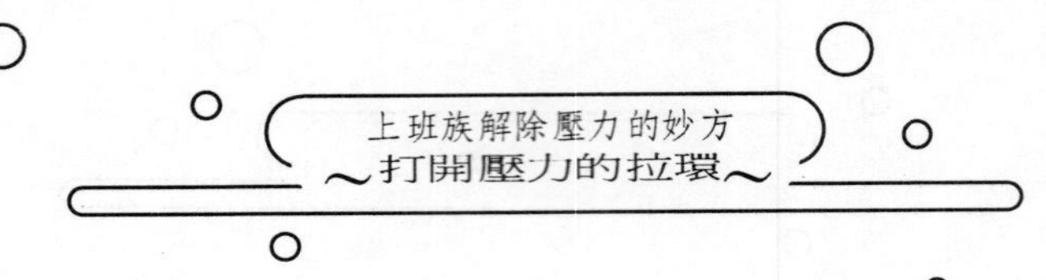

願，順從了社會的普遍觀念，內在的壓力也無可避免地困擾著個人——社會的固有觀念，實是壓制個人意願、個人發展，甚至壓制個快樂泉源的無形兇手。

## ❖哪些人易被壓力所困擾？

### ※A型人格

你走路的速度是否比人快？你是否總是要比人早一步吃完午餐？你是否經常感到時間不夠而要與時間賽跑？你是不是認為若要成功，就必須努力不倦？你會不會感到難以將工作付託他人，事事都得親力親為才會安心？如果你對以上問題的答案都是肯定的話，你便可能是一個屬於「A型性格」的人。

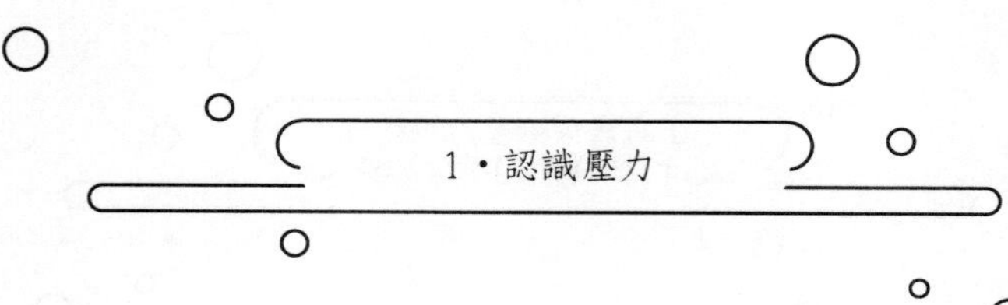


「A型行為模式」是臨床心理學上用來指某一類特殊的行為，這個名詞在心因性冠狀心臟病研究中最被提出。研究結果顯示有這類行為傾向的人比較容易患上心因性冠狀心臟病，這種病一般相信是與當事者不能適應壓力有關，此類性格的通常有強烈的競爭傾向，以及極力追求成就，他們一般都對工作有著過分的熱衷，而且在公務上他們很容易、也很喜歡讓自己很忙亂，很多時候會在同一個時間裡進行多項計畫。

A型人格的人事必躬親，主要是信不過將職務委託別人，不過，其實也是自信自己會做得比別人好的原因。他們與別人比較和爭勝的心態很強，就算是和小孩子玩遊戲，也要爭取勝利。在追求成就方面，他們最愛用一些成就指標，例如正在進行的客戶數目、營業額的多寡等，來衡量自己的成就，並且用這些數字上的成就來與人較量。

他們另一方面的表現就是急躁。A型性格的人通常都很沒有耐性，經常都在趕時間，儘管沒有如此匆忙的時候，也是如此。如果他們覺得有人讓他們浪費時間，就可能會大發脾氣，要他們排隊、等候，就會令他們很不耐煩。他們的煩躁會明顯表現在一些唐突小動作上，例如不停地眨眼、抖腳、說話很快、不斷用手指敲彈手邊的桌椅等。此外，他們經常會因為自己的焦躁而無法好好欣賞周圍的美好事物，更遑論對它們培養興趣。

在人際關係方面，A型人格的人除了與人競爭之外，一般對人都會有較暴躁的表現，很容易向人表現敵意，尤其易在說話時得罪別人。

相反的，研究A型人格的心臟專家也把一些較少在冠狀性心臟病患者身上找到的性格特質歸納為另一類，稱之「B型人格」。我們可以由B型人格的特徵，更清楚地瞭解壓力身心疾病的影響。

「B型人格」的人，其責任感多放在享受人生這方面。時間對他們來說是生命所賜予的，所以認為應該將時間運用在體驗生活及欣賞大自然或藝術品這些事情上。他們的活動量較少、活動速度也較慢，就如吃飯，他們也會慢慢地吃。當然，他們會細心聆聽別人的說話，甚至當別人說完要說的話後，

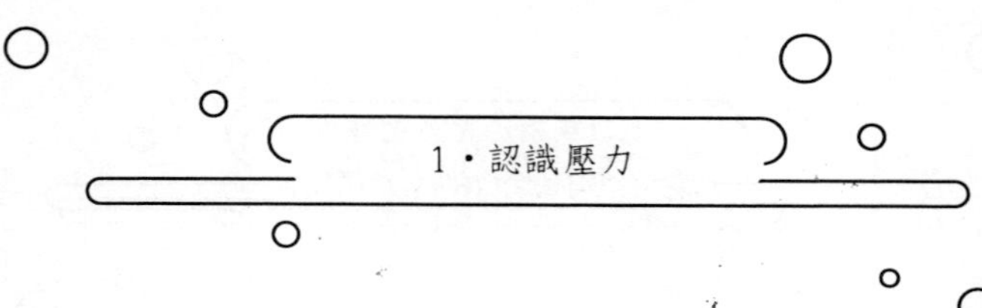

他們仍會繼續等待，鼓勵別人作出更詳細的陳述。他們喜歡觀察周圍的人及事物，並不一定是為要從中吸取什麼實質的收穫，而只是單純地享受觀察的樂趣。由此可見，他們並不在意要完成甚麼事情，反而著重事情進行過程中的體驗。B型人格的人也屬於沒有什麼時間觀念的人，他們不重視期限，所以經常有遲到的毛病。

由於A型人格的行為模式多是快速、緊張，所以屬於此類型性格者，實在是生活在極大的壓力之中；即使在假日或當其他外在壓力因素不存在時，他們的思想、生活習慣也會為他們帶來壓力。而B型人格的行為多是悠閒、浪漫，所以於此類型性格的，所有的生活事項要成為其壓力來源，實在不多；即使在工作中，他們也一樣能保持著從從容容的態度，少有令他們煩心、困擾的壓力因素。

## ※性格與壓力的關係

事實上，不同性格的人都有不同應付壓力的方法，而當他們在應付不來的時候，每人也會有許多不同的表現，或透過身體上的毛病表露出來，或表現在心裡想法上，或訴諸於情緒上的發洩。故此，單以A型性格去分析壓力問題是不夠的。當然，有些性格因素是特別對應付壓力有利的，有些性格弱點則使人特別容易受壓力損害，例如：

◆過分堅守原則的人，做事按部就班，慎守規律，出現一點岔子或變動，往往會使他手足無措，疲於應付。

◆好勝心強的人，凡事都講求威風，野心又大，時時害怕一朝失去權勢。

◆神經過敏的人，時常多所顧忌，且容易激動，壓力很難隨著時間自然消失。

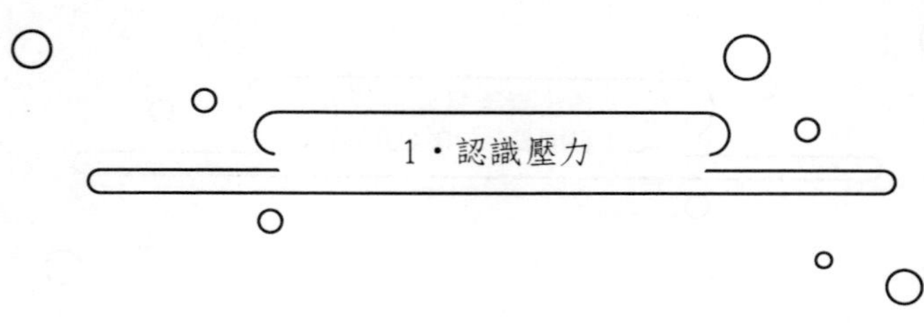


◆情緒化的人，很難控制自己的情緒，喜怒形於色，而且起伏不定，不但易對自己造壓力，形成很大的痛苦，周圍的人也不免感染他的壓力感，而形成加強作用。

◆思想未成熟的人，因本身較缺乏解除壓力的能力，故承受壓力的能力也較弱。

◆自衛性較強的人，經常害怕別人侵犯他的利益，因此築起堅固的圍牆，對於每個所接觸的人，常表現試探對方的態度，深怕所遇非人。

◆具有雙重或多重性格的人，由於判斷事物具有多重標準，致使決策困難，他們也傾向多方詢問，但是，一旦他得到更多的答案，反而更增加了他的迷惑。愈多問、愈複雜、壓力愈多愈沈重。

◆力求完美的人，一般不能忍受一點瑕疵。

◆主觀和偏激的人，容易不停地發牢騷，事事看不順眼，壓力只有愈積愈多，而沒有解決的機會。

◆做任何事都期望別人讚揚的人，這種人極易被來自周圍的因素所困擾。

◆平時被大家認為表現出色的人，會為了保持良好的工作水準，而不斷自我要求，甚至忽略了自我的極限。

◆身體患有如胃病、偏頭痛、心臟病、高血壓等症狀的人，因害怕病症發作，隨時都存在著心理負擔，壓力自然揮之不去。

當然，單以「A型人格」、「B型人格」，或者各種性格的分析，並不能完全瞭解壓力形成的原因，反之，不同生活背景、經濟條件、宗教信仰、個人經驗和家庭教育等也都使每個人有不同的承受壓力的能力。例如，一個精神緊張的母親，事事執著和計較，她所教養的孩子自然也承受了這種習性，偶遇不順境，便顯得不安和焦慮；社交技巧比較良好的人，在遭遇壓力的時

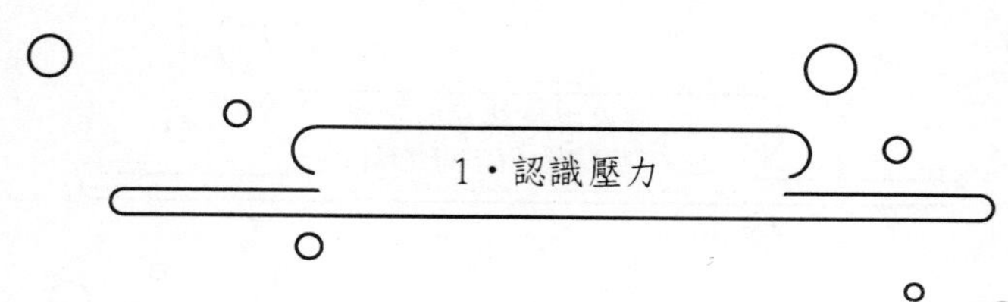


候，比較會動員他人來關心自己，給予自己情緒上的支持、聆聽自己的訴苦等；智能高的人在應付壓力方面的技能也較高，反之，智能低的則應付壓力的能力也較弱，也較容易產生問題；此外，幽默感也提供我們一種情緒上的轉化，它會讓我們與一些容易導致壓力或焦慮的事情保持某種距離，使其不易直接引起太大的負面情緒，這些都是幽默感所帶來的心理功能，缺乏幽默感的人自然會較容易感受壓力的衝擊，因而承受較大的不良影響。

## ✤壓力困擾的自我評估

### ※壓力，總在不知不覺中

依本章前面所述，壓力的來源，除了客觀的外在刺激，還必須經由個人的主觀認知評估。由於此一「評估——反應」的過程，有很大的部分都在自我未察覺的情況下進行，也就是說，壓力在我們的體內、心裡形成時，我們經常都還不知不覺。

比較科學的判別方式，是使一種近乎醫學的模式去衡量壓力的程度。意即，觀看個人是否因為承受壓力而產生種種病癥，這包括了飲食習慣的失調、睡眠習慣的波動、性興趣的變化、神經的衰弱，以致一些心因性功能病的發生，如高血壓、偏頭痛、胃潰瘍、心臟病等。

當然，這需要很敏銳的觀察、或者勸看醫生。對一般人的生活習慣來說，由醫生發現的機率比較少，如果已可由醫療儀器發現，則大概已造成相當程度的身體傷害了。其實，我們還可以用一些比較早期的壓力反應徵兆，作為衡量壓力是不是已經發生的準則。例如脾氣暴躁的表現、在辦公室中與其他同事相處出現焦慮的跡象、大聲說話、溝通出現困難等都是壓力發生時早期症狀。

## ※壓力的自我檢測

在國內，一項由某位教授進行的調查顯示，超過百分之四十五的管理人員都有受到壓力的徵狀，他們均有精神緊張、心因病、情緒低落及其他與壓力有關的疾病。調查也顯示壓力在現今社會已是個多麼普遍的現象。

以下列舉一套包括身體以及精神壓力的檢測指標，用以作為個人評估壓力時的準則，個人應時時觀察自己、觀察身邊的人，以適時紓解，避免壓力積壓，終至不可收拾。

### 身體壓力檢測指標

若經常感到眼皮沈重，經常要吞唾液，對各種食物的反應異常敏感，為了一些小事就捉狂（sweat the small stuff），六神無主地發呆，身體突然昏眩或冒汗，手腳顫抖，不容易集中精神，記憶力不佳，呼吸困難，肚子脹脹的，皮膚容易發癢，經常便秘，沒有食慾與性慾，聽覺遲鈍，頭腦渾沌，無法貼切地掌握別人所說的重點，而作較精確合宜的回答。

如果你有上述多項的症狀，則你的健康則具有潛伏性的危險。

**精神壓力檢測指標**

若曾患較輕微之精神衰弱及精神抑鬱症，為了一些小事就捉狂（sweat the small stuff），稍遇不順即火氣上升，腦海中常浮現一些不切實際或冒進的思想，很在乎別人如何評價自己，對前途感到茫茫然，時常晃動身體，怕到吵雜人流眾多地方去，在家裡獨處時，有莫名的疏離、異化與孤獨感。

如果你有上述多項的症狀，你所承受的壓力，可能已超過你所能負擔的。

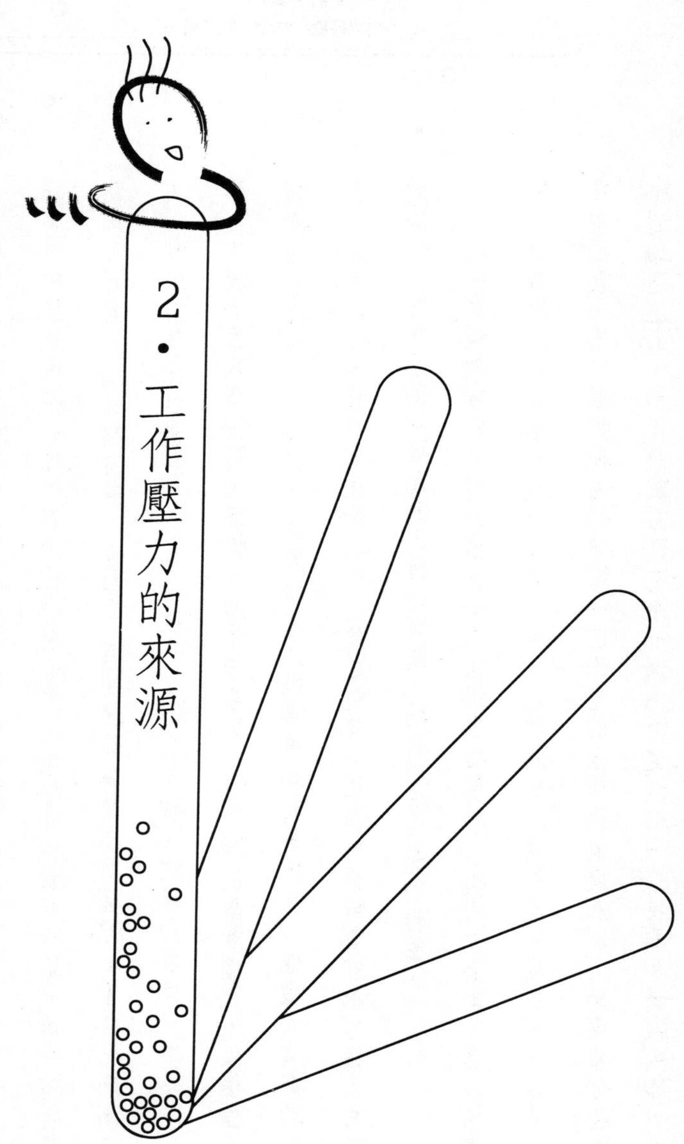

# 2・工作壓力的來源

♣故事五

心怡去年由文學研究所畢業，透過父親的關係進入一所私立中學教書。從小就希望當老師的她，終於能得償心願。由於心怡是家中三兄妹中排行最小的，而且一向性格隨和、文靜，自小便成為家中的寵兒。當心怡漸漸長大，她端莊優雅的儀表，也為她贏得了不少老師、同學的喜愛。不論在小學、中學乃至大學裡的老師們，都十分喜歡心怡這種品學兼優、人緣極佳的好學生。所以在心怡的人生歷程中，她常常都是扮演著一個被人喜歡的角色。當然，心怡擁有極佳的人緣，絕非僥倖，而是因為她實在擁有被人喜歡的條件，但想不到在成為別人的老師後，她受到了很大的打擊。

心怡初執教鞭，就成為學校高二班級的班導師。她十分盡責，而且相當關心每個學生的生活表現及課業進度，經常為批改試卷及準備上課內容，而晝夜不眠，為了要更深入認識每一個學生的性格及家庭狀況，她要求學生在每週的週記上，都要記載自己在這一週內所遇到的一些特別事情或人物，並

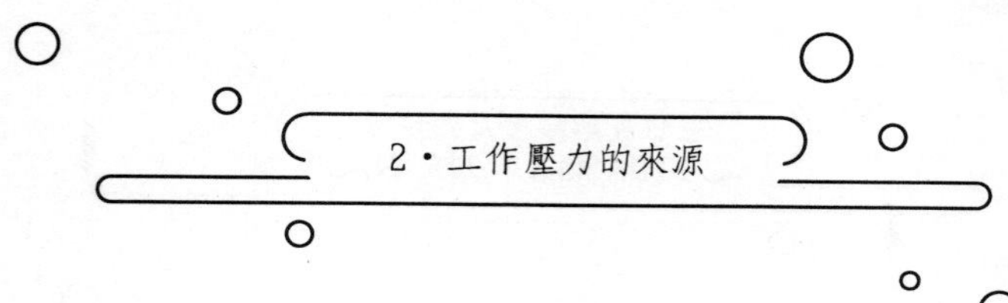



強調學生要向她分享自己的感受，週記的形式並沒有一定的限制，既可以是文字，也可以是圖書、歌曲或其他創作。心怡除了會細心欣賞這些週記外，也會對每份週記做出詳細的回應，藉此與每一個學生作雙向的溝通。她還會在下課後，儘量抽出時間來與班上的每一位同學詳談，進一步與學生作正面、直接的交流。她在開學後的兩個月至三個月內，個別會見了班上所有的學生。心怡的確是一位十分盡責的老師。任教一年以來，她為了要應付工作上的需要，犧牲了不少空暇的時間，甚至推掉了不少朋友的邀約。

最近，她為班上兩個學生感到很苦惱，一個是頑皮愛搗蛋的男生國華，在日前心怡向他家裡提到他在學校的不良表現後，國華因受到父親的處罰，心中怨恨，變得更肆無忌憚，時常公開在課堂上反駁心怡的話，甚至夥同幾個男生做出一些違反班上紀律的事來，例如他們故意在校長開週會的時候缺席不到，使得班長被訓導處叫去責備，又在女老師上課的講桌上，放上肉麻的情書，弄得女老師頻頻向心怡抱怨。心怡為了他的行為經常很頭痛，每天一早踏進教室，就要擔心不知道又要發生什麼事了？原來胃就不好的她，近來胃時有不舒服的感覺。

另一個是女學生曉愛。曉愛在一個不美滿的家庭長大，她一向鬱鬱寡歡，少和同學往來，近來甚至在週記中透露著悲觀厭世的思想。曉愛的事，後來還發生了另一件更令心怡無法接受的事情。

事情發生在一個星期一的早上，心怡一到辦公室的座位上，就看到桌上躺著一封信，打開先看了屬名，才知道就是那個不快樂的曉愛，心怡開始從頭讀起，愈讀愈覺事有蹊蹺，立刻到班上去，才發現曉愛從一早到教室放下書包後，便不知去向了，她率領一群班上的男女學生四處尋找，終於在學校工藝大樓樓頂看見低頭哭泣的曉愛。

校長對於心怡在這件事情上那種認真及適當的處理態度，幫助學校避免了一件可能發生的不幸事件，表示十分欣賞。在那個禮拜的校務會議上，校長點名稱讚了心怡，並且一時忘形地說了一些話，極力地吹捧有碩士學位、

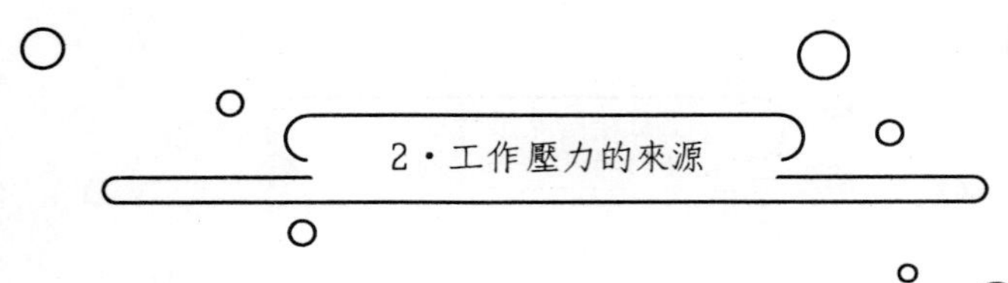


教學態度熱忱的老師，當場把大學畢業的老師給比了下去。雖然校長自知說錯了話，立即轉換話題，但自此之後，坐在心怡隔壁，年紀和心怡相當，也是在去年與心怡一起進這所學校的江老師，便不再與心怡說話了。

原來這位江老師一向對自己沒有唸研究所而耿耿於懷，現在校長竟然公開說出輕看大學畢業老師的話，令她感到非常氣憤，於是便遷怒於心怡；又由於心怡是透過父親與校長的舊識關係進入學校任職的，江老師更經常在心怡背後說長道短，不料也有幾個老師和江老師站在同一陣線上。為了這種無理的對待，心怡傷心得哭了出來，但這幾位同事仍繼續向她表示不友善、不喜歡她的態度。

其實除了少數搗蛋的男學生和與她不睦的老師外，心怡事實上和大部分學生和老師都處得很好，但今年當校長邀請心怡考慮續約時，心怡竟然決定離職！雖然她曾經盡力希望消除那幾個學生和江老師對她的不接納態度，也想辦法儘量和學生及江老師談，但卻遭到對方的拒絕，在無法令對方喜歡自己的情況下，心怡卻忽略了在其他工作上為她帶來的滿足感，毅然地放棄過去一年來所建立的一切，離開了這所學校。

## ✤個人因素

### ※非理性思想的危害

在閱讀心怡的故事時，身為旁觀者的你，固然可以用客觀、理性的角度去評論心怡在處理人際關係問題上的不成熟之處——她怎能因為一、兩個人的無理取鬧及不友善態度，便放棄自己的工作及理想？而且若是抱著「所有人都要喜歡我」的心態去處世，期望人人也能接受、欣賞自己，實在是一件不可能的事。因為每個人都有不同的背景、不同的悲傷故事及容易受傷的敏感處，更加上每個人對事物的評價也有所不同，故若一旦有人不喜歡自己，

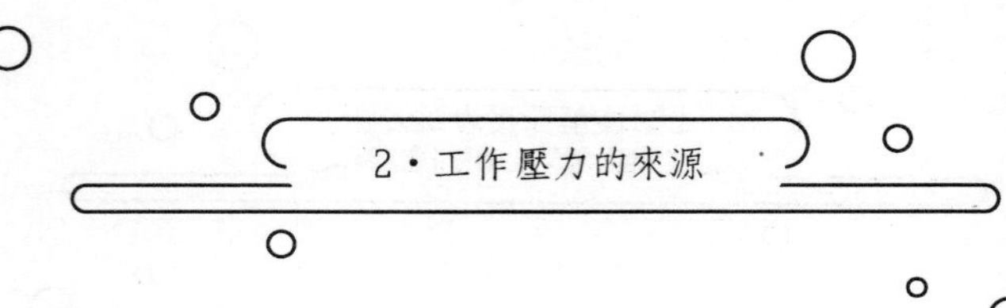


便終日耿耿於懷，那麼，我們怎能在這個人事如此複雜的社會裡快樂地生存下去呢？

但是，在現實的生活裡，的確有很多人擁有這種非理性的思想模式。試試撫心自問，你自己或身邊的親友當中，曾否因為遭到別人「不合理」或「不友善」的對待而感到十分難受呢？特別當你發現一些與你「無怨無仇」的人很憎恨你，並向別人說些詆毀你的話時，你就會感到十分不快、煩惱，甚至為了討好或逃避這些人而做出一些心有不甘，或違背理想的事情來？那麼你其實也是受著期望所有人都要喜歡你的思想模式所影響。雖然被人無故憎恨而感到不快是人之常情的反應，但仔細一想，也是與自己的一些非理性思想有關；以人際關係方面的壓力來說，上述「人人都能喜歡自己」的期望，其實是很普遍的。追根究柢，所有這方面的困擾，也的確都來自這種心理，只是每個人會因此而沮喪、感受到壓力的程度是不同的，這又與個人的性格有關。

正如本書前一章中所陳述的，性格不但會影響人的外表儀態，也可以是煩惱的根源。人怎樣計畫未來，怎樣期望、分析及回顧生活中所遭遇的人物、事件，都可以說是思想的一部分。一般來說，每個人都傾向於某種思想模式，而且在每個人的思想模式中，都會包括理性及非理性的思想在內。因為人並不是電腦或機械人，而是有七情六慾的感情動物，所以每個人的心裡都帶有一些非理性思想，而這些非理性思想會不時為人生帶來更多的色彩；但是，若我們經常被其中一些非理性思想模式所支配，便會導致我們的處事態度及對事物的反應變得極端及過分執著，為我們帶來不愉快的情緒及精神壓力。久而久之，我們的頭腦便不能冷靜，並且，難以用理性的角度去處理困難。

相信大部分的人都會同意，每個人都有其優點、缺點，所以若能知道自己的長處及短處，可說是認識自我的基本條件。同樣地，既然人有理性及非理性兩個面向，便要增加對自己的檢討及瞭解，在這個自我檢討的過程中，

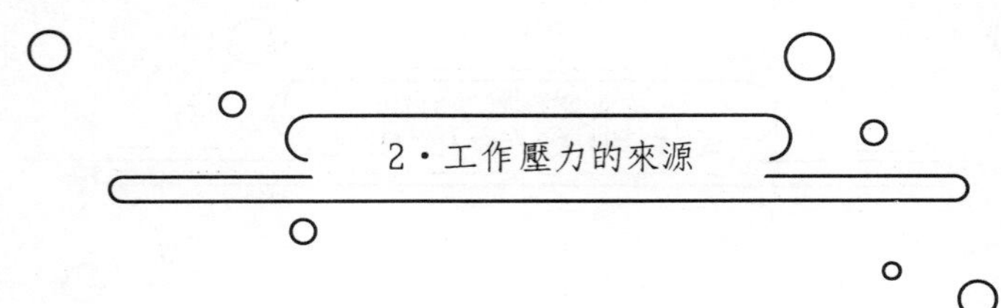


有助於個人消滅那些因非理性思想所引起的壓力。從長遠的角度來說，這樣可以幫助我們減少被非理性思想支配的機會，令人活得更豁達、更愉快。

但要發掘自我的非理性思想模式，是一件極為困難的事情，因為每個人都有自我保護的機制，對自己所做的事情及所有的感覺，都會有自圓其說的解釋，把非理性的事情合理化起來；而到事情無可爭辯時，人們總會以「人就是這樣的！」來打圓場。若你真的要探究自己的思想模式，把非理性的一面抽出來審察，便需要暫時放下為自己辯護的想法，清楚地把非理性及理性的兩種思想完全分開，並要避免把非理性的想法及感覺也看成是理性的事情。簡單來說，就是讓自己嘗試用邏輯的方法將事情加以分析，我們必須要以客觀的角度來分析，才可以清楚地把自己的非理性思想模式顯示出來。若能成功地洞悉自己的非理性思想，腦海裡便如同有了一位智慧的長者，假使個人再被這些非理性思想影響而感到不愉快時，它便會給你一個當頭棒喝，這樣亦有助於我們看清事情，減少自尋煩惱的機會。

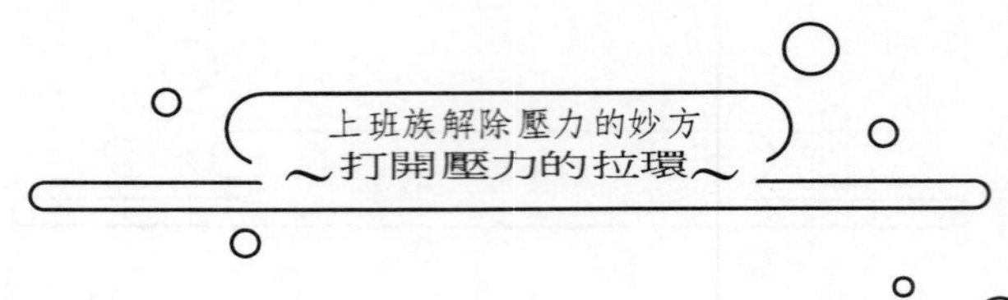


## ※個人因素所帶來的工作壓力

依據個人的人格特質，又有若干種類型的人較易在工作場所中出現壓力：

1. 精力過剩型

此類型的人自我要求多，且事事追求盡善盡美，「浪費時間」對他們來說，是不可思議的。這樣的人，從不肯讓自己休息，一旦休息下來，頓覺無聊困倦，不知如何安排自己的休閒時間，常常因此不明不白地生場小病。這一型的人，有找兼差的傾向，他們撥出最多時間花在工作上，享受、探討人生意義的時間則相對減少，重實際而輕友情，很快地就會發覺可以傾訴心事的人，早已離開他了。為了讓工作做得更多些、更好些，致使自己平白承受了極大的壓力，對於他人在工作上的批評，也比較不能忍受而

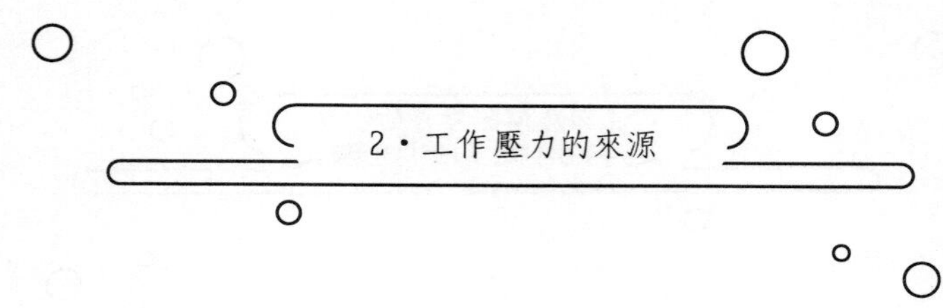


有自責傾向。

2. 自我中心型

自我中心性格者，在工作上的壓力，主要以人際關係的不良為最；這類型的人，自我保護能力較強，並且有不善與人溝通的現象，但卻偏偏非常在意他人對自己的觀點。故而，這類有自戀傾向的人多活在自己的象牙塔裡，對於外來的事物時有抗拒反應，對壓力的感應也是異常強烈的；由於他們不願將問題向別人傾訴，而本身亦無法減壓，不少因工作壓力而自殺的案主即屬此型。

3. 偏激型

偏激型的人往往是憤世嫉俗的；他們的生活多不滿，由於害怕受傷害因而傾向先發制人，容易與人結怨，其實他們活在安穩的心態中，有惶惶不可終日的痛苦，外界稍賦予他們一些壓力，

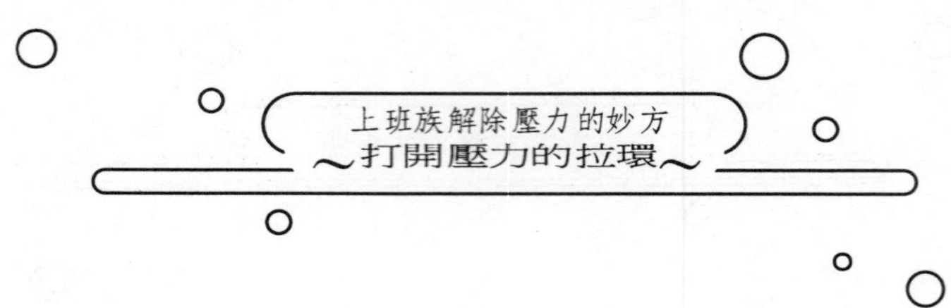


即感到非常不安，甚至有被人陷害的感覺。他們對壓力的應付能力不良，一般的反應都是直接而劇烈的，例如，他們可能會大聲吼叫、摔擲物品，甚至是打人等暴力舉動。

4. 心智不成熟型

外表的成熟度在很多時候不見得與內在的成熟水準成必然的比例。此類較稚嫩型的人即是儘管年齡已屆成熟，但心智仍未等量成長的人，他們並不是智力上不足，而是對自我的情緒難以控制，且對事務明辨是非的能力較缺乏，最常見者，是一些職員被上司批評一頓之後，不思冷靜檢討自己，反而只是一味地放縱自己的情緒，或悲傷、或憤怒、或羞愧。這種類型的人容易因工作壓力產生辭職的衝動，繼之而來的是失眠、頭痛、飲食無味等情緒低落的表現；他們若是繼續留在原職，則對工作會漸漸生成得過且過的心態，出現錯誤的機會因而升高，遭到責備的次數也不

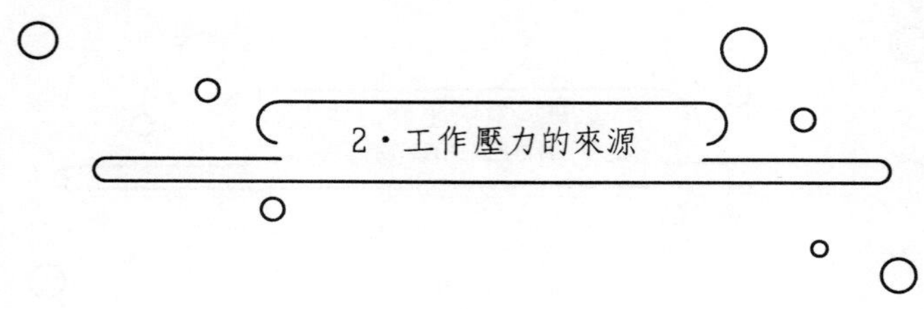


免隨之增加，形成惡性循環。

5. 唯美主義型

唯美主義者，凡事要求盡善盡美、圓滿而沒有絲毫瑕疵，對自己要求很高，對別人的要求也全然不馬虎，一旦有任何不完美的小節發生在他的生活中、工作上，則心情會嚴重受擾，變得憒懣不安。他們非常執著：生活與工作，甚至一個小小的環節，也會因為他們的不信任別人，而必須事必躬親，即使他能交手給別人處理，事後的檢查工作也是不可能放鬆的；這種情況如有嚴重惡化，會出現三番兩次鎖門窗、洗了手又再洗的情形，而這也是初期精神病人所常有的現象。

6. 腸胃欠佳型

這是生理病因影響心理病癥的最佳例證之一，一般來說，腸胃功能不良容易引起人的情緒出現躁動、不安的現象，在工作時，則很難避免地會影響其工作表現，間接影響了上司對自己的評價，而使心理壓力增加。就另一個角度來看，工作量過大，精神壓力增加，也同樣導致腸胃疾病的發生，如不能適當的減壓，任憑藥物暫時控制病情，那麼，由胃病惡化成胃潰瘍的機會將大大地升高。腸胃不佳者除了外來因素的影響之外，本身因懼怕身體狀況不佳而影響工作品質，也是一股不容易忽視的巨大壓力。

7. 虛榮型

此即「打腫臉充胖子」的性格，他們不但要承受「充胖子」的多餘脂肪負擔，還得忍受「打腫臉」的皮肉之痛。這類型的人傾向以個人身外的物質性條件，來增加其個人本身的價值；但是擁有人人認同的良好條件並不容易，沒有實力而只憑嘩眾取寵或吹噓撞騙的方法來贏取眾人的稱讚，是經不起考驗的。這類的人，乍看之下，是光華耀眼的明星，殊不知在其華麗的外表下，

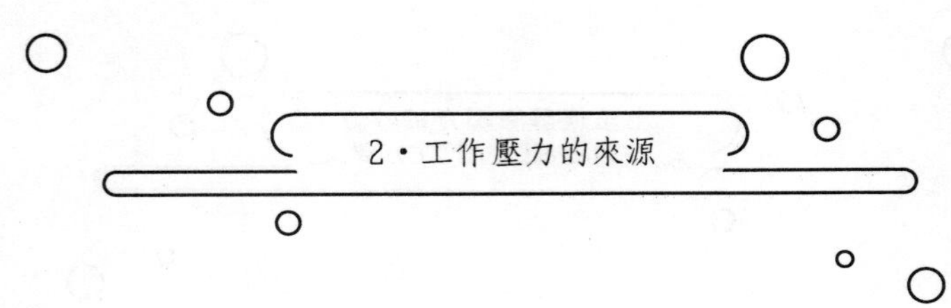


卻是一副乾枯頹廢的骨架。他們時時擔心「充氣娃娃」突然消了氣、擔心美麗的華服突然失去了光澤，這些無可避免地成為他們的負擔、他們的壓力，而常有失眠、憂慮的現象。

8. 優柔寡斷型

優柔寡斷者，具有雙重性格的特徵，往往可以在做決策時一窺其猶豫不決。這類型的人，對自己的能力時常存著保留、甚至懷疑的態度，對自己的任何一項決定，也因為過於多慮、信心不足而出現裹足不前的執行困難。雙重性格的人不但在決定事情之前，精神飽受選擇的痛苦；在決定該件事之後，也仍無法擺脫精神上的不安狀態，他們永不相自己，害怕抉擇，因為擔心抉擇的錯誤會帶來無法承受的結果。當然，吾人可由此預知，這類型的人，在解決困難、解決壓力上的能力是肯定不足的。

9. 情緒化型

情緒化的人不能控制自己的情緒，遇事非大喜則大悲，他們容易因小故而大發脾氣；不過，同樣地，也極容易因喜樂而手舞足蹈，他們快樂時的天真爛漫，固然讓人也感染了喜悅，滿心歡喜；但是，他們怨怒時的火爆脾氣，卻也令人走避不及——周遭的人，很難適應這種大起大落、摸不著邊際的情緒發洩，紛紛敬而遠之，故使他們的人際關係因此很難維繫。情緒化的人不是不願控制他們無端的情緒，而是根本難以控制，所以，喜怒哀樂在他們來說，往往是身不由己的。

10. 自閉型

自閉型的人與自戀型的人有極相似之處，兩者都是活在自我為中心的天地中；但是，兩者又有著全然不同的行為動機：前者是害怕寂寞，卻又難以接觸群眾；而後者是難以敞開胸懷去欣賞他人的長處，並真心考慮他人的見解，他們享受自己的寂寞。自閉型的人，因為怯於在眾人面前表現自己，他們於是渴望躲在自己的世界裡，或只與自己熟悉的人在一起，他們與外界的聯絡，完全是經濟上的必要使然。這類型的人很抗拒外來的干擾，一旦發生問題，容易產生絕望，也有鑽牛角尖的行為傾向。

當然，就工作場合而言，個人所面臨的壓力問題，絕對是更繁複、更多重的，諸如對職場時間、空間的適應；對上司、同事、客戶的相處；對工作內容的掌握；對工作與私人生活兩者的平衡安排；對自己能力的表現……等等，其中的所有困難，解決之道固然都在於個人的處理、調度，但是，有職場工作經場的人都不能否認，其中有更多的部分是無法由自己一人單獨化解的，因為，它們所關係的，是整個工作場所的處事慣例與人際文化。

如果單以工作內容來說，之所以會產生工作壓力的個人因素，則多半與

「時間」和「效率」有關。尤以今日凡事講求速度的社會言之，工作環境氣氛緊張，致使錯誤頻出，重新來過的結果，只有使時間浪費更多。職場中的速率要求，往往也是前述「A型人格」產生的原因，A型人格的人為了以「速度」來解決壓力，但卻因此一急躁性格，給自己帶來更多的壓力——這是「雞生蛋，蛋生雞」的問題，為了避免落入這種矛盾的難題裡，解決因「時間」所引發的壓力，便千萬不能以「時間」來因應，取而代之的，應是規律的作習、妥善的計畫、冷靜的思考，以及按步就班的執行。

## ✤工作性質因素

### ※職業因素

「現實的壓力」，在現在這個時代，常常令人把它與一個滿臉憔悴、被冑

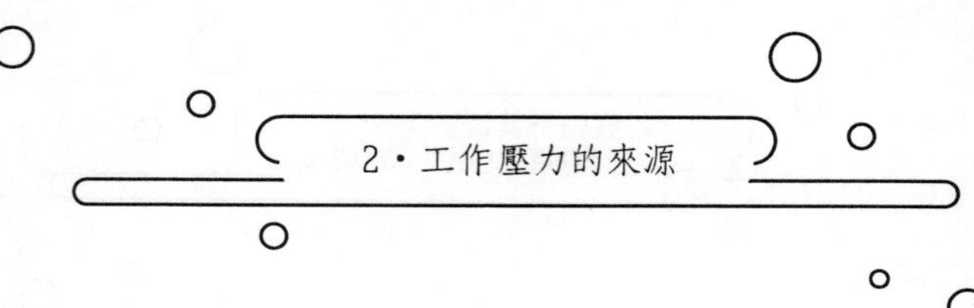


潰瘍的戳痛所苦的上班族或生意人聯想在一起。然而，工業技術的複雜狀態、現代生活的快速步伐，以及獲取勝利的競爭精神，在在都意味著有許多工作都是充滿壓力的。

以一般的職業分類標準來看職業性質對個人的壓力影響，我們大致可以農林漁牧業、製造業、服務業三大類窺知。農林漁牧業靠天吃飯，所面對的是難以預測、又難有對策應對的自然力量，即使現代科技為他們創造了耕耘機械、除蟲農藥、人工肥料以及預測海陸天候、風浪等等輔助工具，但於此同時，他們也面臨了更複雜的市場管銷技術，除了要承受收穫量不佳的壓力，更要承受其他非農業因素的市場變動。近年來，台灣幾次各種規模地開放外國農業品進口，對農、林、漁、牧業從事者，所造成的市場競爭壓力即是一例。

再論製造業，製造業因為工作性質的不同，常見各種職場疾病及危險：建築工人有工地裡跌傷的危險、鋼鐵廠工人有工廠裡被機器切傷的危險、焊接工人容易因電焊強光罹患白內障、嘈雜環境下的工作者容易因噪音過大而重聽；而勞力工作者，身體四肢及五官都直接暴露於充滿傷害性的工作場所中，擔心發生危險的壓力有之、擔心罹患疾病的壓力也有之。

三論服務業，在已開發國家中，服務業從業人口往往是總就業人口的多數，而且其項目與類別有日趨多樣、多元的現象，在台灣，這兩種特質顯然已經出現。由於服務業工作者的事業對象是「人」，除了上述製造業中所提及的環境客觀因素，服務業更多了人際的主觀因素，因此就壓力的發生來說，服務業有著更盤根錯節的脈絡。舉凡金融、交通、教育、消費等等服務性質的工作，在本身的經營競爭之外，其所面對的，是各種不同的人所發生的各種不同的事，窮於應付者，自然時時都處在壓力之下。而這類壓力容易導致的疾病，多屬心臟、血管方面的疾病；另一則是精神官能方面的心理性失常，不容忽視。

## ※辦公室內的工作壓力

如果就一般的上班族而言，其在工作本身所面臨的問題也就不如上述「看天吃飯」的農、林、漁、牧業者般不能自主；也許不如製造業者不能免於職場傷害的威脅；也許不如服務業者必須借助別人的合作來完成自己的工作，而面對各種各樣的人事紛爭。但，在辦公室裡工作的上班族同樣也遭遇著諸多不同工作性質的壓力：

### 1. 工作時間不定

台灣雖然有一部「勞動基準法」保障受薪階層，但在實際上，辦公室內不被法律保護的無酬超時工作，卻經常在各個辦公室內上演著。這一方面來自僱主的不合理要求，另一方面也來自員工為爭取上司的嘉獎而形成。然而，即使員工接受了上述不合

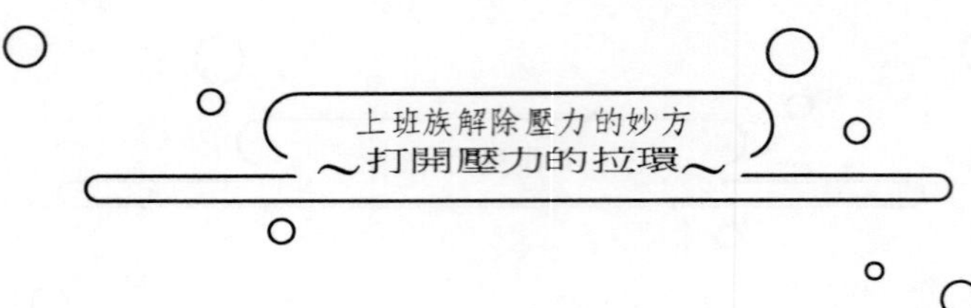


理的工作狀況，實則是壓抑了隱忍的疲憊負擔，值得雇主的注意：適當的工作時間，才能保持員工的最佳效率。

2. 交通時間過長

台灣近來因車輛快速增加，道路不敷使用，致使交通擁塞的情況日漸加劇，尤以台北等大都市更為嚴重。這些難以預估的拖延，在通勤、洽公等事務上，往往令上班族大量耗損時間與精力。每天如此，對於員工上班的心思有不少影響。

3. 工作量不平均

不少辦公室內的工作常有一會兒空閒、一會兒卻忙得不可開交的情況，工作量不平均，有時空閒有時忙碌，往往會打亂辦事者的情緒，造成壓力大增。尤其在空閒時不能做其他私人的事情打發時間；但忙碌時卻又忙得「天下大亂」，是員工最感困擾和不值得的。

4. 呆滯的工作

變化不大的工作，使員工如機器般，不斷重複該項工作不能容許任何差錯，花費的精神因此更多，因長時間固定的工作形態，致使患肩胛、手腕病變等職業病的機會增加，卻與升職機會不成正比。長期從事某項工作，容易產生鬱悶呆滯的倦怠感，反之成就感及滿足感則日減。

職業對身體健康或心理狀況的影響已被發現、被注重；反之，個人的心理健康對工作可能造成的影響，也在日漸受到重視中。例如美國曾有一個針對空航領航員的報告指出，情緒的因素已在工作表現中受到要求。該份報告中說明，空航之領航員本就是個頗具高壓力的職業，這也就是為什麼領航者必須定期做血壓、心跳等檢查，因為情緒上的健康與身體的狀況良好一樣重要，而情緒可以在數分鐘內立刻變壞（變質）。在美國、荷蘭以及其他一些國家，在每一次空難事件過後，對領航者身體的剖檢已經延伸至精神及心理的剖析，常常發現領航之導致意外，是因為他在當時有情緒上的問題，比方說當他與妻子剛吵過一架之後的數小時，雖已通過醫學上的生理性檢查，可是他可能並不很適合在此時段內作飛行工作。

## ✿工作環境因素

無論那種性質的職業都會為其工作者帶來壓力，但是，相關研究指出，失業的壓力可能比具有重責大任的工作者所受的壓力還要大，因為根據資料顯示，上升的疾病及早死與失業率的升高有著顯著的正比。

### ※堪輿學非解決之道

一個環境不佳的工作場所，無法令員工集中精神、認真工作，在工作表現不良的情況下，甚至影響了升遷的機會。因此，部分攝於超自然力量的人會求諸於工作位置的風水擺設；殊不知，工作場所的採光、通風保持良好，安靜、舒適時，才是消除物理性工作環境不良的最重要指標——堪輿學並非解決之道，正視工作環境中各種壓力源才是正途。

## ※來自工作環境因素

上班族在社會上所扮演的角色，就如同嬰兒一樣，需要經過一定的訓練，才能適應人類既定行模式及尋找個人生存之道。在這期間，他們會模仿和學習別人的處事方式，建立一套自己的生活態度。初生之犢對文化和社會規範的認識往往異常粗淺，因此，要成為優秀的上班族，加入競爭激烈的人事戰場中，對他們來說，是極具挑戰性的一項轉變。

人類在很大程度上會受環境所影響，既存制度可以直接影響人類思想觀念和行為。透過社會團體產生的互動關係，新進上班族的心態便會慢慢成熟而逐漸成為社會的中堅。

因此，無論任何性別和年齡的人，都會不斷的尋求與公司的共通性和一致性，對於新進上班族而言，人事繁雜的辦公室又會為他們帶什麼影響？也值得深思。

人類在成長歷程中，都要經過很多學習過程才懂得為人處事之道，賞罰分明的社會就成為人類學習的最佳環境。不斷重複的獎賞和懲罰，確立了他們個人的價值觀，影響到他們對社會、對人際關係的觀感、態度和行為。

上班族由就學到就業的轉化過程，往往就發生在潛意識之中，在職場中日月浸淫久而久之，他們會把原先的觀點推翻，由思想單純、滿腹理想的青年，變成思想豐富而反應敏捷的優秀上班族。但在此轉型期中，其過程泰半是痛苦而艱辛的。

其中，許多時候我們會相信壓力是全部來自工作的，但事實上這並非必然的，我們大致可以將壓力的來源分為以下兩方面：

## 1・來自工作的壓力

壓力是來自環境的要求高於人所能應付的。簡單來說，一個工作環境對它的工作人員有所要求，並賦予他們解決問題的資源和權力，其設計本身已經影響他們承受壓力的多寡了。

試舉例說，假若某人正處於一個需負起重大責任的位置，但他並沒有足夠的權力去執行這些責任時，那麼他定會感受到很大的壓力！例如你身為一個部門的主管，你的責任就是要領導一批部屬進行一些非常講究效率的工作，然而你並沒有一種維持紀律的權力，又不能任意解僱或處罰部屬，對那些不能按時完成工作的人只能束手無策，此外，你亦缺乏權力去影響和控制部屬的晉升機會、薪酬、工作獎金等，然而你又要對他們的工作表現負責，當這些部屬的進度遠不到理想時，你自然會承受到很大的壓力了。

另一種常見的情形是當一個人要進行某些工作時，但他所屬的機構並沒有賦予他足夠的資源。例如缺乏所需的器材或輔助性的設備等，即如，倘若工作需要他負責出版一本年報，但是無人可以替他打字的話，計畫自然地難以完成。

這些情況正顯示出一種現象，就是權力和所能控制的資源，與個人的責任中間出現一段差距，那麼，身為工作人員會感受到壓力自然是不足為怪的事情。在不少的工作場合裡，有不少承受嚴重壓力的工作人員都是處於這種職位之中，可說是陷於機構的夾心階層裡，上下受壓。

要解決上述的問題，並非能單從個人的層面去解決，而往往需要從整個機構對責任、權力與資源的分配層面去考慮。當行政人員在分配工作和責任之後，假若並無相對的權力與資源的分配的話，壓力就自然而然的產生出來。除了會製造職員的壓力外，機構的運作效率也會受到影響，因為在分配不平衡的情況下，要維持正常的運作，並能順利完成各項工作要求是一件極其困難的事。

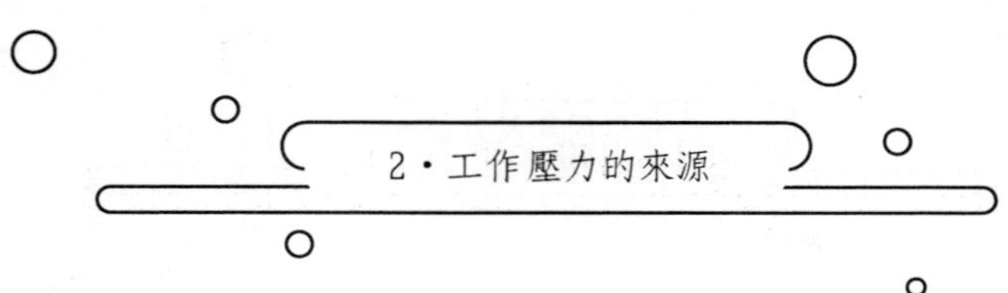


## 2・機構的次文化

所謂機構的文化，簡單而言，就是機構工作環境的氣氛。而機構次文化實際上是一個特殊和場合性的現象。就台灣而言，有著強烈傾向於所謂的「成就取向」，一般來說，在一些高度發展的城市如北美、日本、新加坡、香港等，強烈的成就取向已是一種很常見的現象。

當一個社會踏入富裕的、商業化的過程中，強烈的成就取向乃是普遍被文化所吸納的一項。在機構當中更是鼓勵這種取向，這當然是有原因的，機構鼓勵的是每個人都有不平凡的表現，好為機構爭取更好的發展機會，在這樣的態度之下，機構所瀰漫的自然就是一種競爭和比較的氣氛了，對被要求的工作者來說，競爭和比較即成為重大的壓力。

而在現代機構中，同事之間的相互合作乃是不容忽略的一環，可是這種競爭的氣氛又會破壞合作的基礎！強烈的成就取向與強調競爭的氣氛，常使機構中的合作無法進行。

我們也不難發現，在我們的社會中，當某人找到一份工作的時候，別人自然會期望他的地位會愈來愈高，收入也愈來愈多。這似乎是一個不容顛撲的要求，當他的過程比他人落後的時候，他不免會被視為能力不足的、有缺陷的人，甚至會被歸咎成個人的失敗。因此之故，每個人都在承受一種相當大的壓力，對自己的要求不單單的滿足工作上客觀的要求，更期望自己有比客觀要求還要好的表現。換言之，這正表示我們對工作環境的要求是不斷在提升之中，因為只有這樣才可使自己具有一種卓越的表現，那麼，個人所承受的壓力，便無可避免地增加了。

除此之外，在強調成就取向的氣氛中也潛伏著另一個危險。我們知道只有少數的人能夠不斷進步、不斷超越的，再加上在我們的觀念上以為追求卓越表現的才是正常，辦不到的就是失敗者，這種觀念導致許多人經常遭受一種挫敗的感覺。這些非但是不必要的壓力，更可怕的是長期打擊個人的信

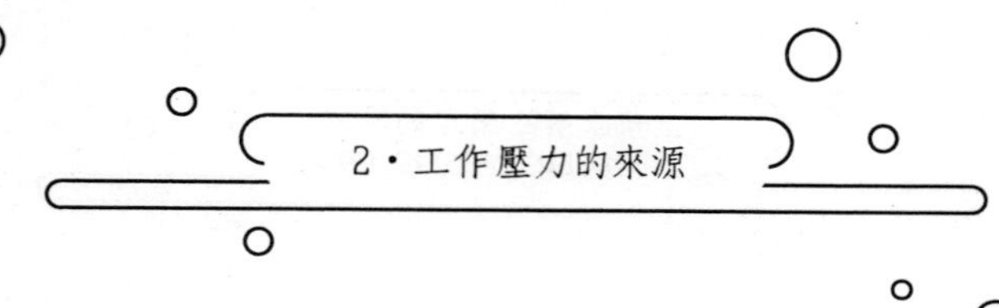


心，會對個人形成負面的影響。

## ✤人際關係因素

### ※良好的人際關係有脈絡可循

處於壓力下的人在社會功能和人際關係上都受到不少影響。其中的一項重要因素，就是人在壓力之下會產生一種衝動，這種衝動有時是盲目的，不一定可以引致一些有益和有建設性的後果。

但當人處於壓力中而不能有所行動時，那種無奈及無助的感覺是分外難受的。所以絕大部分在壓力中的人，都有一種焦躁不安的表現，好像不能靜下來似的。能夠有所行動相對於空著手靜坐好像能給人一種安慰：一方面覺自己好像還有事可做，另一方面也可以宣洩一下內心積藏的緊張。

這種狀態行為上的表現，輕微的就是顯露著焦躁不安的小動作，例如踱步、不停看錶、用手指彈打家具、自言自語等。較激烈的可能就表現於發脾氣、大力關門、或扔東西等行為上。在這狀態中的人，一般對別人沒有耐性，不能小心聽清對方的說話，而自己的說話也容易傾向於急促，大聲和提高聲量。這樣，就在溝通的接收和表達兩面即出現問題，產生了溝通的障礙，再加上對於自己暴躁的行為自然地做出負面的反應，結果只是加強雙方的緊張氣氛，而這種緊張氣氛亦很容易導致正面的衝突。

以上的情況如果出現在工作場合中，首先就會導致溝通和合作上的問題，而當一方或雙方將精力使用於進行和處理衝突時，很明顯就會影響效率了。再者，工作環境中的關係惡化，也是減低了一個人對工作處境的操縱因而增加了他受壓力的機會，情況就會變得更糟。在機構中常見的故意責難、不合作、製造陷阱、推卸責任、互相追究、互相指控等等，都是很明顯的例子。

這種在工作中所見壓力的影響，在私人生活也會有類似的表現，只是在私人生活中溝通的障礙最嚴重的後果不是合作失敗或效率降低，而是關係的破壞。

私人生活中的關係對個人來說是有著長久和重要影響的，這些重要關鍵的破壞後果無法估計，較表面可見的就是個人的情緒支持網絡損毀。對於對外應付著眾多公務要求的行政人員來說，這是一個不可失去的安全網；長遠來說，這問題關係著個人的自我形象，甚至生活意義等重要問題。

另外值得一提的就是在私人生活中的重要關係，無論是父母、配偶或親密伴侶、子女等關係，都需要精力和時間來培養或保持。如果工作壓力已令人精疲力盡，那麼私人生活範疇也就相對地容易出現問題，這些私人問題又會反過來影響到工作上，形成一種惡性循環，令當事者雪上加霜，無法應付又不能自拔。

所以在考慮壓力問題時，我們也要留意它和人際關係兩者之間的機動關係，行政人員也應對自己整體的狀況，包括工作上和私人生活上的狀況，保持一個平衡和全面的瞭解，才能真正地面對問題，以求改善。

良好的人際關係，並不完全只靠「人緣」、「魅力」等一般以為的人際優勢，尤其在工作場所中，更是有方法、有基礎脈絡可尋的。平時的感情靠真誠的心意、坦白的溝通維繫，一旦發生了不快或衝突，則必須能有冷靜的思考，找出問題癥結點並正視問題。

首先，是找出問題的癥結所在。無論衝突對象是誰，瞭解衝突的第一步，是要找出問題的出處，例如某人與同事因為工作的範圍屬誰，而起爭議，這可能只是突發原因，問題的癥結往往是各自工作的方法不同，或分屬不同的派系。而工作範圍的爭議，只是突出他們各不相讓的立場。如此，即使上司只是將工作重新分配，但仍舊是兩人一起相處的話，衝突是永遠不會停止的。

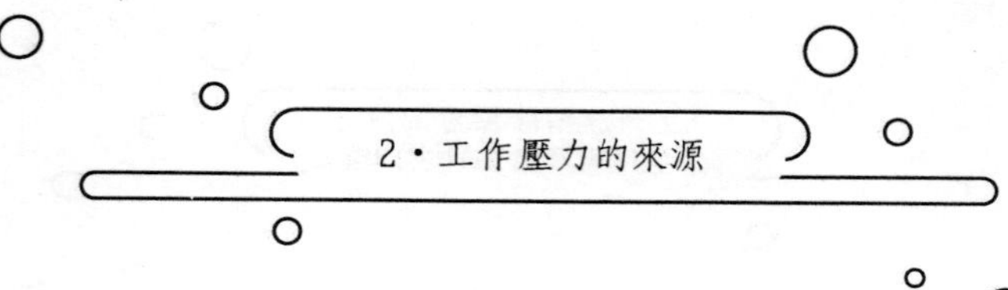


## ※人際關係因素

在工作中，人際關係是造成壓力的主因，常有以下的情況：

1. 同事們分派系，你自己是被孤立的一員。
2. 上司的能力有限，且偏私而固執，使自己感到不公平。
3. 和同事工作不協調。
4. 升職機會比同期或遲來的同事低，加薪幅度也不理想。
5. 業績不佳，與客戶未能建立良好關係。
6. 無端被調職，而且是自己不感興趣的單位。
7. 合作的同事或下屬常出錯，連累自己也被處分。
8. 工作受到限制，前景黯淡。
9. 與上司友好，卻被同事譏為奉承阿諛之輩，使人格受到懷疑。

接著，就是正視問題了。這是個重要的步驟，然而一般人卻很難做到。「愈是害怕的事，就不如趕快完成它。」同理，多方逃避，問題就永不能解決，壓力也永遠不散。即如某甲最討厭做打字的工作，偏偏公司打字員經常請假，他被迫要自己打報告書，他於是把打字的工作放在最後，因此整天在公司裡就喃喃地咒罵打字員，自己也整天在煩惱打字的事，一旦他的話傳到打字員耳中，感到非常不高興，日後某甲拿來的文件，就壓在最後做。如此一來，某甲不但與打字員的關係交惡，連他的工作也間接地受到了影響。

反之，如果某甲在當下趕快將自己的文件打好，就不會因心煩，而整天在其他同事面前數落打字員，如此，打字員不會聽到傳來的批評，兩人不會交惡；另一方面，某甲還能儘速把文件打好，免去工作未完成的壓力。

另外，處理人際關係，也應注意心胸的開闊。尤其剛踏進社會工作年輕人，往往由於未適應而顯得畏縮。在其他同事眼中，容易被誤解為是個高傲的人，加上可能急於爭取表現，更被認為野心太大，因此被同事杯葛。

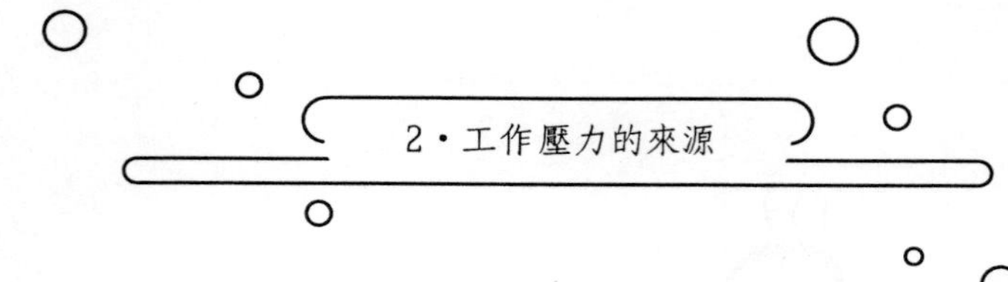


又有些人遇到態度囂張的同事或上司，即心存厭惡，完全拒絕瞭解對方。然而，抗拒的態度在對方看來，是不尊重的行為，因此對自己的態度就更不好。在這種惡性循環之下，人際關係是永不能得到改善的。

心胸開闊的做法，就是不論對方的態度如何，自己也毫不存有偏見，一視同仁。在多次的禮貌招呼、尊重對待中，對方必會有被尊重的感覺；假以時日，態度定能有所改變——改善人際關係的責任，完全在於自己如何做，而不是別人。

# 3・壓力對個人造成的反應

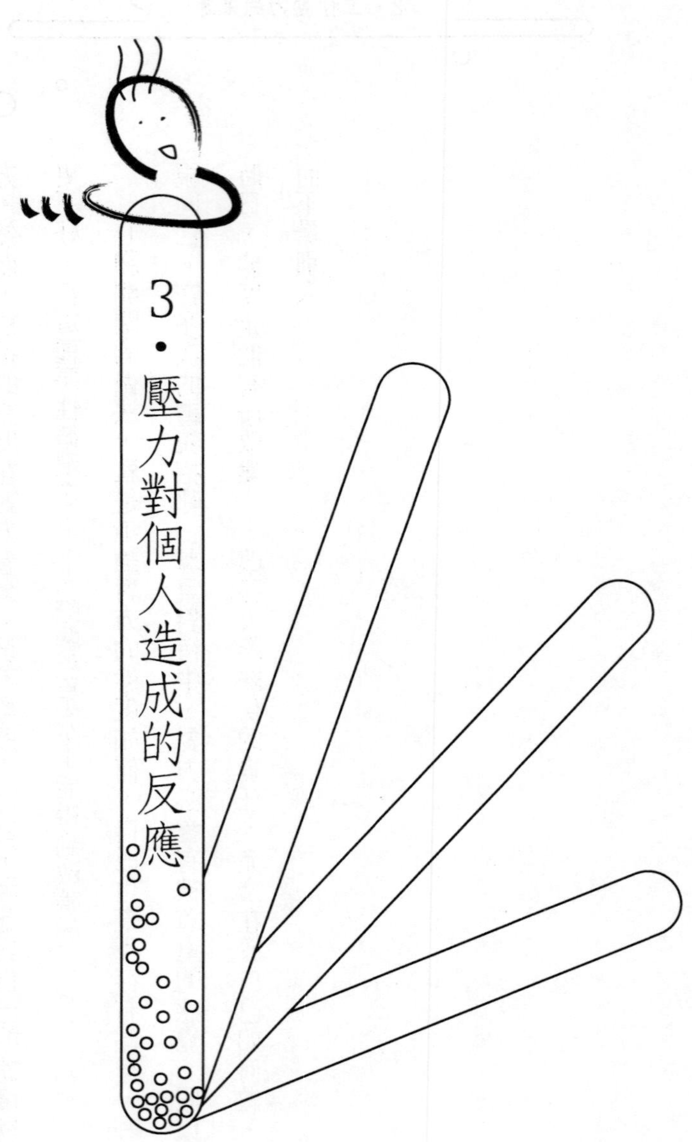

♣故事六

惠康是一個大學女生，不久前在家裡附近的公園中遭到強暴，為了不想面對太多人的關心眼神，她沒告訴任何家人及朋友。

原來每天都會在飯桌上向家人報告學校發生的趣事的惠康，幾天來一直都很安靜，甚至是很沈默、很冷淡，一向和她感情最好的大姐，有一天晚上進了惠康的房間，看見桌上丟滿了一堆東西，卻沒有半本書，一點兒也不像她說的為了要考試，叫家人別打擾她的樣子，而且，大熱天還抱著厚厚的棉被。大姐忍不住露出擔心的神情，輕輕地問惠康怎麼一副心情不好的樣子，惠康終於控制不住，哭了出來，但卻還是沒有說出被強暴的事來。惠康在開始的這段時間裡，一直受制在那次事件的強烈震撼中，她沒辦法談論這件事情，甚至連自己這段時間所表現出來的情緒反應也完全無法感受到。

兩個禮拜後，她把這件事告訴了一個平時很要好的朋友如君，如君極度地驚嚇，但是除了安慰以及陪她流淚、發呆外，如君不能為惠康做任何事情。漸漸地，惠康開始懷疑如君，她自顧自地認為，如君除了在剛開始時給了她支持外，並沒有一直對自己的這件事感到憂傷與關心。惠康這樣地想著：「如君一定以為這件事情對我來說已經過去了，她現在可以繼續做自己的事了！」惠康為了這個想法感到很憤怒，心裏喊著：「這件事不是這麼快就會平復下去的，如君怎能以為我所受的傷害一定會過去？」

後來，惠康在家人的眼裡似乎是恢復了許多，家人間的對話，她比較能夠拿出注意力來聽，也能簡短地和家人談天。然而，事實上，惠康是刻意地在否定、抗拒承認自己曾經發生過那件不愉快的暴力事件，她找些事來做，企圖完全埋葬那件事，有時候，她還真能感覺到那件事不太真實，好像從沒發生過。

不過，自從公園裏的強暴事件發生後，惠康再也不敢走進公園，每次都要繞一趟遠路出門或回家，她也不敢再慢跑了（她是在一個星期天的晨跑中遭到襲擊的）；事實上，自從她被強暴後，已完全停止了任何種類的肢體運動，偶有走路走得快一些的時候，她心裡就會有一極不舒服的負擔；心跳很快、緊張不安，還莫名地東張西望。

時間過去一、兩個月了，惠康雖然時時都有恐懼落單的感覺，但不論做任何事，她都拒絕別人陪她，因為她感覺到所有的朋友都遠離、而且背叛了她。她曾做過一個夢，在這個夢中，她正在學校教室外遭到性攻擊，然而她的朋友們卻一個挨著一個地站在窗戶邊往外觀看——他們的臉孔非常的清晰，甚至有些人只站在離她二、三十公尺遠的地方，他們都眼睜睜地看著所發生的事，卻沒有一個人準備採取行動幫助她。當她驚醒過來後，有一種極端孤獨、淒涼的感覺——就像在很多時候她總是覺得身旁再也沒有任何人了一般。

嚴重的孤獨感，讓惠康始終無法好好向別人訴說這整件事的原委、以及她的感覺，她賭氣地認為，不論遇到任何事，她都必須自己面對，但是，卻一直不能真正瞭解這句話的意義……。

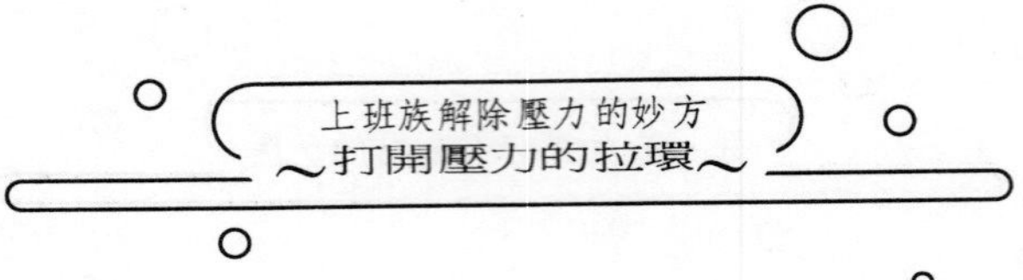


## ✤壓力下出現的癥狀

### ※身心失調的條件

傳統醫學最早一直不肯接受心理因素會造成器質上疾病的說法。但自從富蘭德斯·唐巴（Flanders Dunbar）在一九三五年出版的《情緒與身體變化》一書中首先闡明這個觀念，並由於二次世界大戰中有成千上萬的軍士因為心理方面的壓力源，所導致生理功能癱瘓的事實，心因性疾病這個革命性的觀念才被普遍接受。自此以後，從各種研究場所累積的證據顯示，生理和心理的系統其實是緊密地交織在一起的，任何一者都無法獨立於另一者。

一般而言，身心失調的成立必須有五個基本條件：

1. 心理方面的壓力來源是出現在任何身體症狀顯現之前。

2.情緒的興奮並不是意識上的，或者個體可能知道情緒興奮，但他覺得沒有力量去改變該情境。

3.壓力來源所促成自律神經系統的活動是長期性的和持久性的。

4.通常在調節高壓力的生活情境上有效的防禦機制已衰退，或者無效的防禦被過度使用，因而造成壓力的升高，而不是減低壓力。

5.個人的器官組織有某些構造上的弱點，這些弱點或是出於遺傳或是出於早期所經驗的創傷。

與壓力有的疾病症狀最常發生在四個身體統上：神經、呼吸、心肺及內臟系統。心理因素占有相當成分的症狀包括胃潰瘍、高血壓、大腸炎、偏頭痛、腰酸背疼、皮膚炎、肥胖、氣喘等。事實上，許多重要的疾病（包括癌症），現在也被認為與一些心理因素有重大的關連。除了生理上可能的反應外，情緒上的反應也是常見而值得注意的。

個人在壓力下的行為，有一部分是決定於所感受壓力的程度。對動物和人類所進行實驗室研究，都發現了相當清楚和一致的行為形態。個體當面臨壓力來源時會有兩極的行為變化，或身體徵候，這些變化是決定於壓力的程度、個體的特徵以及環境的可能性。

## ※身心失調的癥狀

當個人處在壓力之下，不自覺會出現反常的思想和行動，無論是躁期狀態，抑或鬱期狀態，均顯示其正與壓力對抗中，具體的徵狀約有：

1. 不可思議的舉動

我們偶然可以看見一些西裝筆挺的人，冷不防地用力一踢街上的空罐子；或穿得花枝招展的小姐，突然猛摔頭髮。這些不期然的下意識行為，正是沈重壓力下最直接也最容易被覺察的壓力徵狀。而大聲吼叫和拍打桌子也是許多人的發洩反應；另外，一些無意識的動作，如手中不斷弄著筆桿、把

車票或紙張摺成細方塊型、唉聲嘆氣等，都是受了外來刺激，心中一下子無法適應，因而做出的無意識反應。最常見的例子是等電梯的人，明明知道已按過按鈕，但下意識仍不斷去按，這是因為被壓力支配了行為，所做出的反應。

2.反常的舉動

由壓力所引起的情緒障礙，經常表現在個體的反常舉動中，這一類患者在情感上的變化，不是過於高昂（躁期），就是過於低落（鬱期），或是兩者依次出現，不過，都是有器質上的起因的。在躁期，個體的心情處於興奮、激昂、狂放、急躁的狀態。具體的現象包括了無休止的活動，似乎不肯閒下來；思潮澎湃、聯想力增快；變得非常喜歡講話、大聲地滔滔不絕；食慾增加、性慾亢進、本來性格很害羞內向、沈默寡言的人，會突然變得非常熱情、能言善道；不肯入眠、注意力不易集中、沒有聽批評的耐心，也不願接受限制；表現出過度的樂觀、冒不必要的風險、承諾一大堆事情、做一大堆計畫；常常伴有誇大妄想、自以為有異於常人的能力。

另一個極端的情緒狀態則是憂鬱期，在這段期間幾乎對所有的事情都喪失興趣。隨著憂鬱的情緒常出現的是哀傷、沮喪和不滿的感覺。另外還經常會發生下列的症狀：覺得自己沒有價值、有罪惡感；思考與行動的速度均顯著緩慢下來；說話顯得平淡而機械化；常常會有憂鬱的傾向和自殺的想法。哀傷、憂鬱、失望、對幾乎所有的平常活動失去興趣和樂趣、食慾不佳、體重顯著的減輕、失眠或睡眠過多、行動遲緩或減少、常常坐著發呆、覺得沒有價值、自我責備、思考遲鈍且內容貧乏簡單、缺少活力、富有悲觀、消極、虛無的色彩、注意力渙散、不易集中、容易忘記事情、定期地有自殺的念頭和企圖。

包括躁期和鬱期的癥狀，我們不難發現，輕度的壓力所促發和增強者，多半是一些有生物性意味的行為，例如吃食、攻擊和性行為等。

此外，壓力所引發的反常行為還有精神無法集中、記憶混亂、語言混

亂、不理性的衝動、思想刻板以及因錯誤評估造成的惡性循環。個人會因花費過多不必要的精神去憂心壓力的後果，致使精神無法集中，經常在與朋友的交談過程中，聽不到朋友在說些什麼；個人會因過分的緊張，而讓記憶變得模糊而混亂，往往會在一個重要的演講場合，忘了自己好不容易才準備好的稿子；個人會因思維被壓力打亂，使得語言的邏輯雜亂無章，經常是慌慌張張、長篇大論地把話說完，但是卻讓聽眾聽得一頭霧水；個人會因腦中解決事務的機制失去控制，而發生不合乎正常道理的行為衝動。正如遇上某件棘手的事，因為自己覺得必須好好完成，於是不斷嘗試數十次，但卻一直在重複同一種方法、或一直犯同一種錯誤，問題自然始終都解決不了。

個人因為沒有安靜的思考空間，致使思想轉來轉去，走不出那條死胡同，而變得缺乏彈性、固執而刻板，反應在應付壓力上，他將很難理出明確而有建設性的策略，取而代之的，是僵硬的態度和令人無法溝通的困境。個人會因高估事情的困難度，而過於低估自己處理事情的能力，使問題由小變大、由簡變繁，錯誤的評估將導致惡性循環，陷入無可自拔的境地。

3. 憤怒或攻擊

在極度壓力之下，個人容易表現出一種摧毀一切的破壞本能。大多數人在受挫折、失望以及被辱時，不安緊張、焦慮是較常見的反應，但過了一定的限度時，就如決堤的海水般洶湧奔流。這些情緒很多時候會令人脾氣暴躁而難於與人相處，也有時會令自己對自己懷疑，感覺到自己好像很不明白自己的感覺，或是不能控制自己的情緒，這些感覺一般令人覺得混亂以至於憤怒。

很多時候，憤怒的對象並不完全指向自己，而是包括了旁人；憤怒的情緒之外，也會伴隨著攻擊的行為。由對動物所進行的研究發現，當動物面臨各種壓力來源（包括隔離、過度擁擠、嗎啡中斷和電擊等）時，經常會出現攻擊的行為反應。實驗顯示，把一對動物關在一個牠們無法逃離的籠子中，並給予電擊，則當電擊開始或結束後不久，牠們會隨即打起架來。當只有一隻動物被關起來時，同樣的電擊則是引起吃食的行為。

在人類的生活中，攻擊行為經常是挫折所導致的。挫折是有機體被阻撓了目標之路時，所存在的一種狀態。當個體有高度的目標動機，即將達成目標，並在進展上只有一部分被阻撓時，他將會有最大的挫折。

挫折既是對壓力來源的一種反應，它自己本身其實也是一個壓力源，當挫折導致了攻擊反應時，此攻擊反應會是外顯的，也就是，直接地想要除去挫折的外在來源。當然，這種做法並不一定是明智的，因為攻擊行為很有可能會從真正的目標轉移到某些替代的目標上。就像我們會選擇玩偶、弟妹等較小的或較弱的對象來發洩自己的怒氣；或者在外受了怨氣，但是卻發洩在親密的家人身上，因為我們知道家人是不會反擊或報復的。

4.嗜吃或厭食

前面提到當動物受到電擊時，其反應之一會是吃食。事實上，在人類的生活中，過度吃食是某些人用來應付日常壓力的最典型的行為反應。就像一個不快樂的肥胖婦人所指出：「有時候我認為自己根本不覺得餓，我只是為了某些得不到的東西感到沮喪，而食物是最容易得到並可使我覺得舒服與美好的東西。」

相反地，情緒的影響也會引起嗜食的另一種反面狀態——厭食症。厭食症和嗜食症在心理學上的說明卻是極端不同的。厭食症患者傾向於較為內向、否認飢餓，並很少表現出外在的苦惱；嗜食症則傾向於較外向、較為衝勁、較常濫用藥物和酒精，並會顯現出較強的焦慮、憂鬱、罪惡感、自棄及自殺的意圖。另外也發現，嗜食症患者有一部分會有偷竊的傾向；而如果她是一位母親的話，通常她會很肥胖。

其實上，嗜食者未必一定會肥胖，原因是壓力過重，造成腸胃吸收能力失常，而厭食者的情況較為嚴重，除了消瘦之外，貧血、血壓低和營養不良，對健康構成危害。另外，食之無味亦是壓力之下常有的反應，由於種種憂慮，分散了其他注意力，或腦下垂體分泌失常，影響味覺神經的運作，使食慾不振。

5.體型變化

受到情緒壓力，個體有躁型或者鬱型兩種極端的傾向，加上與嗜吃或厭食的飲食型態，兩者交互作用之後，通常也連帶地在受壓個體上發生過胖或失重的體型改變。

6.神經衰弱

個體遇到自己無法控制的壓力時，會用上過多的時間去擔憂自己應付不了環境要求而失敗的後果，甚至自我誇張了失敗的結果，而將精力消耗在與處理問題無關的思維或事情上。精力分散了，便不能集中精神去分析和面對問題。連帶地出現記憶混亂、語言混亂、不理性的衝動及許多錯誤的評估等等神經衰弱的現象。

神經衰弱是壓力之下的一種常見病症，在繁榮社會，此症更是非常普遍的。罹患神經衰弱的人，常感到頭痛、眼脹感、失眠、昏昏欲睡、噁口、耳鳴、記憶力衰退、腸胃不佳、注意力難集中，以及別人說話時，個體的接受力低及容易忘記前一段所說的話，就表示個體已承受過重壓力了。

## 7. 高血壓

一般認為，過度進食、飲食中含高量度的動物飽和脂肪、運動量的不足以及精神壓力，都與已開發國家人民高血壓的盛行有關。在美國，黑人比白人有更多人得到高血壓，但所指的黑人並不包括居住在鄉村的黑人，而是指城市之中、居處擁擠髒亂的黑人。調查顯示，在城郊地帶的中產階級黑人得到高血壓的比率只有住擁擠都市內黑人的一半，在後者的居住環境中，我們可以很明顯地找出某些值得考慮的情緒壓力因素：焦慮、敵意、暴力、挫折、被排斥以及沒有安全感所帶來的痛苦。

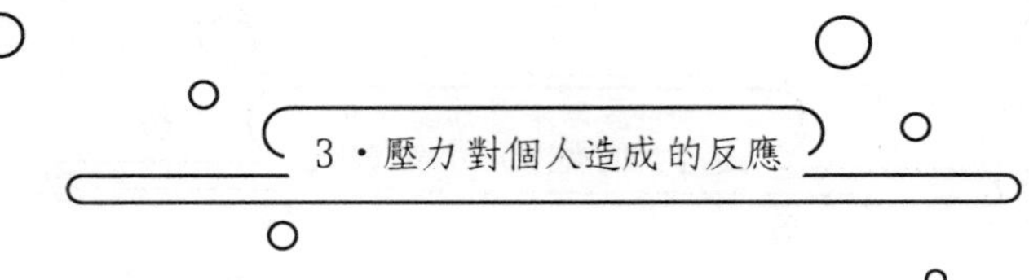


# ✿身體反應三階段

## ※面對壓力的身體反應

包括動物、人等物體來說，當它知覺到有外在威脅出現時，如果它要生存下去，則必須做出立即的行動和需要額外的力量，身體的自主系統會根據需要產生出一連串的自動化反應；這是由腦部所控制的生理性壓力反應之一。

另一方面，主要功能在調節身體器官活動的自律神經系統，在個體認為自己正面臨壓力時，自律系統會使他的呼吸又快又深、心跳加速、血管收縮和血壓升高。除了這些內部的變化外，喉嚨和鼻子的肌肉會放鬆，使更多的空氣得以進入肺部；另外也會產生強烈情緒的臉部表情。這個訊息會傳到平滑肌，以中止某些身體功能，諸如消化作用。

自律神經系統在壓力時期的另一個功能，是促使腎上腺分泌兩種激素——腎上腺素和副腎上腺素。這兩種激素會通知其他一些器官去執行特殊的功能，諸如脾臟會釋放較多的紅血球（假使身體受傷時，有助於血液凝結，避免流失過多的血）；骨髓會製造更多的白血球（來抵抗感染）；肝臟則會製造較多的血醣，以來增加身體的能量。一般相信，腎上腺素在恐懼反應（逃離等）上扮演較重要的角色；而副腎上腺素則與憤怒反應（反擊、打鬥等）較有關連。在壓力時期，自律神經系統也會促使一種腦部麻醉物質的分泌，這些物質和嗎啡一樣，都有減低痛苦的功效。

加拿大的內分泌學家漢斯．雪萊（Hans Selye）是第一位研究持續性高度壓力會如何影響身體反應的學者。當他還留在學院就讀的時候，有一次他的老師在介紹過五種疾病之間的差別後，他問了一個簡單的問題：「所有這些疾病相似處是什麼呢？」除了想知道不同疾病的特定症狀是什麼外，這位十

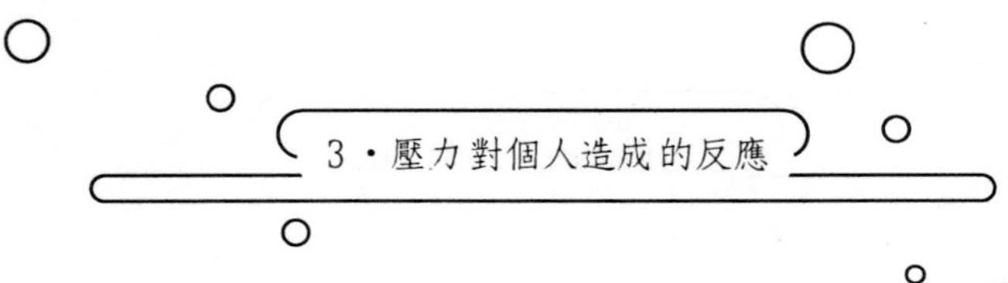


九歲的醫學院學生也想瞭解疾病的基本條件是什麼?

在半個世紀的研究生涯中，雪萊在大學從事一系列具有創新性的研究，試著找出更多在所有長期持續的身體壓力中，都會產生的非特定壓力反應。

雪萊的研究主要是以動物為實驗對象，他所研究的是會威脅身體的生理功能的壓力來源，而較不是像掠食者這類需要行為反應的壓力來源。根據雪萊的壓力理論，儘管包括所有疾病及其他許多的生理和心理的症狀的壓力來源是很繁多的，但是有機體在維持自己的完整上所需要的適應性反應都是相同的。除了對特定壓力來源的特殊反應外（例如寒冷時血管的收縮），另外還有一極非特定性的適應性生理反應（這是個體在面對幾乎任何重大、持續性的壓力來源時，都會出現的反應）。雪萊稱這種型態的反應為「一般性適應症候」。他發現這個症狀包括有連續性的三個階段：警覺階段、抗拒階段和衰竭階段。

## ※警覺階段

「警覺階段」展現出各種生理變化所組成，這些生理變化可使受威脅的有機體能迅速地恢復正常的功能。不論壓力來源是身體方面（諸如不當的飲食、睡眠不足、疾病或是身體受傷），或是心理方面的（諸如失去所愛的人，或是失去安全感），警覺反應都是出幾個相同的一般型態的生理變化所組成。這或許可以解釋為什麼罹患不同疾病的人們，卻似乎都會抱怨著相似的症狀，諸如頭痛、發燒、疲倦、肌肉和關節酸疼、沒有胃口和一種普遍性的不舒服。警覺反應是動員身體的防禦系統，來恢復體內的平衡。

首先人會感到心跳加速，體溫與血壓則會降低，肌肉鬆弛，這與一般人感覺害怕、驚恐的時候一樣，此稱為「震盪期」，震盪期維持的時間很短。第二階段稱為「反震盪期」，在這期間，身體開始動員精力去應付外來的壓力。精力是透過身體儲藏的養料供應到身體不同的部分，如前所述，肝臟會發放

出大量的糖供應予肌肉，各類荷爾蒙使身體的脂肪與蛋白質能更快地化成糖分，使整個身體的新陳代謝能力提高，部分荷爾蒙則做出鎮痛的功能。

此外，呼吸趨向急促，這是為了增加氧氣的供應，使養料能更快由肝臟傳達到肌肉。其他輔助性的功能，包括消化系統放緩，唾液減少，增加肺部空氣流通。所以當人緊張時會感到口乾，肌肉也有緊繃的感覺。因為大量的血液輸送到肌肉，脾臟發放紅血球幫助氧氣的運送，而骨髓則會製造更多白血球來對抗因受傷而引起的感染——警覺反應主要是由大腦控制使身體做出應付壓力的準備。

## ※抗拒階段

假使個體繼續置身於這個壓力的情境中，則繼警覺反應之後，會跟著出現「抗拒階段」。在這個階段中，個體顯然已發展出對壓力來源的抗拒；即使壓力的刺激繼續出現，但第一階段所出現的症狀卻都消失了；另外，在警覺反應時期被攪亂的生理歷程，這時也都回復到正常狀態。腦下垂體前葉與腎上腺皮質的大量分泌，似乎有助於個體對壓力來源的這種抗拒力。

在此第二階段中，雖然個體對原先的壓力來源有了較大的抗拒力；然而，對其他壓力來源的抗拒力卻反而減低了。這個時候，即使是輕微的壓力來源也可能會造成強烈的反應，這是因為個體的大部分資源，都用在抵抗先前的壓力來源所致。例如，一個人正罹患流行性感冒時，你會發覺他也較容易發怒。

在這個階段，受到威脅的人會開始透過實際行動去嘗試解決問題，這所謂的「實際行動」，並不完全是積極、正向的，它其實包括了「逃離」以及「反擊」兩種。因此，在抗拒階段中，究竟是迴避處境或者面對困難，便全在個人了。

這個時候，仍在活躍的中樞神經系統和腦下垂體協調的內分泌系統為了

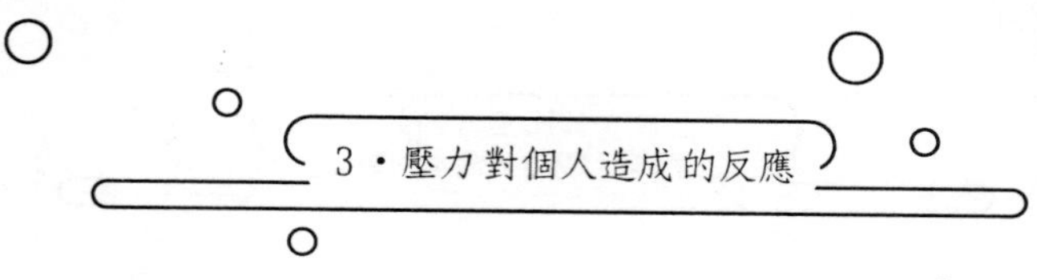


控制身體的反應，以促成一些實際的行為。這些行為，無論是體能上如逃跑或打鬥，或者是智能上的分析、思考或怨恨、自我安慰，都是需要消耗精力的。如果問題能夠在一段時間內解決，則身體可以回復到正常的平衡狀態。

## ※衰竭階段

假使個體再繼續暴露於有傷害性的壓力來源過久的話，很可能再也無法維持其抗拒反應。因此這就進入一般性適應症狀的第三個階段——衰竭的階段。腦下垂體前葉和腎上腺皮質無法再繼續加速分泌那些激素，這意味著有機體再也無法適應長期性壓力。許多警覺階段的症狀又重新出現；假使壓力來源依然持續下去的話，死亡將會來到。

意即，身體長期處於抗拒外來壓力或威脅的階段，是一種緊張和消耗體能的情況，時間久了就會引致身體構造和功能上的損害，發展成為病態情況的話，更可能是極端衰竭，甚至死亡。

當暴露於長期性壓力的實驗室動物終於死亡後，雪萊解剖牠們的身體，他發現牠們的腎上腺腫大，淋巴節和胸腺（參與於免疫作用的器官）萎縮，胃部佈滿了充血的潰瘍。可見長期持續的壓力已造成牠們身體組織的大量破壞。當然，在大部分真實生活的情境中，很少有壓力在達到完全衰竭的階段前還不被解除的。

一般性適應症狀的概念有助於我們解釋某些的身體失調。在這個架構中，那些失調症狀可被視為是身體長期以來試著去適應一個危險的壓力來源，其內部生理歷程所造成的結果。我們因此可以瞭解，為什麼額外的促進腎上腺皮質激素可用於治療某些這一類的疾病了，這顯然是因為這樣的治療有助於腦下垂體前葉和腎上腺皮質維持身體對壓力來源的抗拒力。

另一方而來說，雪萊因為是一位醫生，他的研究著重於實驗室動物（諸如老鼠），對身體面對壓力來源的反應，所以他的理論很少提及在人類身上壓力的心理層面所占的重要性。特別是，他的批評者認為他過度強調非特定的

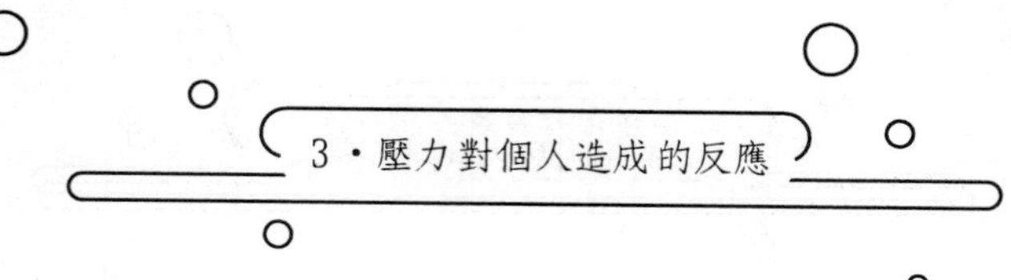


組織因素在造成壓力引起的疾病上，所占有的角色；並且以動物純受試者，當然也就無從認定人類的壓力反應上對威脅的「認知評估」所占的重要性；因為一般認為，個體對一個壓力所感受到的意義，可以決定將發生何種的生理反應的。但無論如何，雪萊仍然被認為是探索壓力反應的先驅者，他的洞察力和研究已經給了我們在壓力、反應方面一個全新的認識和瞭解。

## ✤壓力下出現的短暫性性格改變

如前段內文所述，在壓力的籠罩下，人是會產生一些舉止情緒及性格的反應的，諸如感受威脅、恐懼以及消沉。人在壓力之下，一般都會自然地產生壓力的抵抗力，如果該抵抗力奏效，則不安與焦急便可減弱，但是，如果該對抗並不足以發生作用者，那麼，心理上的壓力反應便會加劇，而有某些非意識的防衛機制產生，這包括了挫折、冷漠、文飾、壓抑、否定、幻想、執拗、退化、衝突、昇華等短暫性性格改變。這些性格上的變化隨壓力的大小、時間長短而惡化或消失。

壓力帶來挫折。挫折，可以是指在求達到某一目標時，所遭受到的阻礙，使目標不能達成或延遲達成；也可以是指由於達成目標的意念受阻所產生的不愉快情緒。例如一個很用功的學生，花了一年的時間，在補習班加強大學聯考的科目，決心考個好大學，但是卻在考試即將來臨時，生了一場病，致使他不能如願參加考試。因此他投考大學的目標便受到阻礙，這便是一個挫折，同時，挫折也指使他因此而引起的失望、痛苦的情緒。

使目標不能達成的因素很多，有些是外在的，有些是內在的。外在的阻礙主要指的是環境的因素。例如一個農夫想要有良好的收成，但是天公不作美，颱風一個接一個來，連帶也使雨水氾濫，造成作物久泡而腐爛，而使他的目標被破壞了，這便是外在的阻礙因素。而內在的阻礙因素則主要指的是本身的條件，意即，想達成某一目標的人，因本身能力的不足及個人的限制所引起。例如某大企業的第二代，雖然已有了一切優渥的外在條件，包括金錢、時間等方面的不受限制，但是由於經商天分所限，總是經常做出錯誤的市場判斷。這種達不到目標的挫折是來自本身的內在障礙。

雖然挫折引來立即的不快和失望，但正如本書第一章所述，它究竟是阻力還是助力，則全看受挫折者會做出何種反應行為了。有時這種反應是有建設性和有益的，因為小小的挫折會使人醒覺，使思緒沈澱，並有效地促使當事者對事物重新檢討與衡量，這樣便可能藉此避免遭遇更大的挫折，對達成最終目標是有利的。

## ※攻擊

的確，挫折是可以激發幹勁的。在遭遇一次挫折後，下次再做同樣的事時，可能會較第一次更為用勁，這是為希望此不再遭受到同樣挫折的緣故。

有一個隨處可見的例子就是，我們時常可以看見一些在販賣機旁買飲料的人，如果投了錢幣而沒有飲料出來的話，他們會用力搖它，而且會在第二次投幣及按選擇鍵時，使用比原來更大的力氣。

這顯然已經有了攻擊的潛在意識，攻擊也是挫折的一種反應，因為挫折使人憤怒，憤怒需要發洩，如此便引致了攻擊行為。攻擊可以是直接的，也可以間接的代罪式的。直接的就是對引發挫折的事物做出直接的攻擊，譬如前述自動販賣機吃進了錢幣，但沒有掉出飲料，購物者因此懊怒地敲擊它，這是直接的攻擊。間接的攻擊就是找尋一些代罪的羔羊，用來洩憤，例如母親不讓孩子看電視，孩子會大力踢桌椅；球迷因為自己所擁護的球隊輸了，在散場的時候，踢打路旁的垃圾桶以為洩憤，這則是代罪式間接的攻擊。

這種代罪式攻擊散見於各式各樣的案例中，一個職員在被上司責罵之後，回到家裡以妻子、兒女出氣，便是一種例子。個別對象的代罪式攻擊，受害的人可能包括各式各樣的人；但集體對象的代罪式攻擊，則可能是針對一群無辜的受害者。最顯著的事例，就是第一次世界大戰後，德國戰敗，受

到戰敗挫折的德國人，在身旁找到了替罪的羔羊，他們把攻擊行為，發洩在猶太人的身上。這種種族之間的代罪式攻擊也出現在海外華僑身上，如南亞華人分布較多的菲律賓、印尼、馬來西亞等地，由於經濟不景氣、生活困苦等等的社會挫折，而將怨懟指向善於營生的華僑，產生嚴重的排華意識。

## ※冷漠

挫折也可引起不同於攻擊的另一種反應——冷漠。冷漠的反應就是表面上表現得毫不在乎，對挫折的情境漠不關心，而且表示冷淡和退縮。不過，這只是外在的表現罷了，真正的是內心其實是十分悲憤和痛苦的——這種表現是攻擊的另一極端。產生冷漠的原因，可能是經驗而來，或者是學習的結果，而非本來的反應。例如一個本非冷漠的人在受到挫折後，曾做出抵抗及攻擊，但是不幸地他的反抗不但不成功，而且帶來更大更慘的結果，自此以後，他便學得以逆來順受的態度來接受挫折，因此形成冷漠。

冷漠心理形成後，便嚴重影響了尋求解決挫折的能力和方法，甚至對本來能應付的挫折，也放棄做出努力。對此一挫折下的態度轉換，心理學家曾有過一個著名的實驗：將一塊通了電流的鐵板四周圍起來，以一塊木板從中隔開，使鐵板劃分為兩個完全相等大小的區城，實驗的對象是一隻狗，圍牆上有一只訊號燈，當燈亮起後數秒內便有電流通到狗所在的那塊地板，經過多次電擊後，狗就學會在燈高的時候，跳過木板到另一個隔間，以避開電擊。

待狗已能適應這種躲避動作，便開始另一個實驗：無論狗跳到哪一邊，都瞬間通以電流，往返幾次之後，狗經由這樣的學習知道，牠再也不可能逃避得了電擊，慢慢地，牠由挫折產生了冷漠，便不作逃避，只是一味瑟縮地來承受電擊。這個實驗稱「習得的無奈」，它顯示了當挫折來臨多次而不能反抗，便會形了以冷漠來對付挫折的行為。

曾經有資料顯示，在第二次世界大戰時被關在納粹集中營的人，就是如此。起初，他們可能並不是冷漠的，他們企圖改善營中的生活，願意擔負各種事務甚至共謀反抗與逃脫。但在遭遇一連串的挫折，逃亡不成功，而且遭到嚴厲的處罰後，他們漸漸瞭解到，他們對於這個境遇是完全無能為力的。正如那在實驗室中被置於電擊的空間內，而無處可逃的狗一樣，由此便產生了極端的冷漠，對甚麼都不再關心了。甚至在戰爭結束，盟軍到來的時候，他們也是木然不知所措，也不敢相信和平真的到臨，及他們已重獲的自由。

## ※文飾

文飾就是在面對無法消除的挫折時，替自己找尋一個掩飾失敗的理由，藉以減輕因挫折所引起的情緒傷害。最為我們熟知的文飾的行為，就伊索寓言中的酸葡萄故事，既然葡萄得不到，無妨把它想成為酸的，這樣便在心裡減輕了挫折的不快。

在日常生活中，可見的文飾行為是很多的。例如競爭熱烈的台灣選舉，

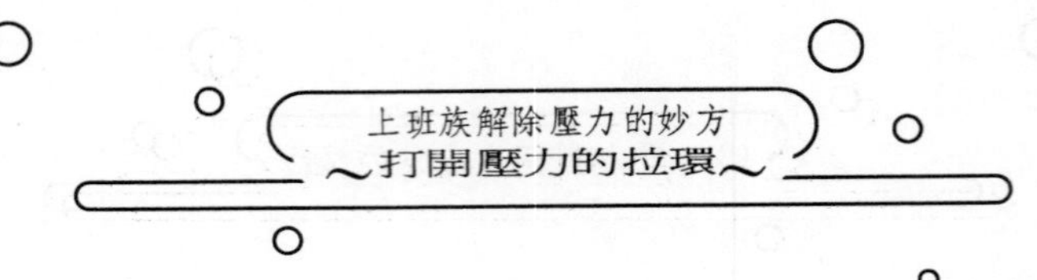


候選人一旦落選，往往抱怨選舉不公平、指責有人做票、或攻擊對手賄選得票等等，他們多半是利用這些理由來文飾自己的落選。

## ※壓抑

壓抑作用是最普遍的現象。在壓抑作用中，痛苦的思想從意識中排除，而到了潛意識的空間中，正如一個沒有準備好功課的學生會「忘掉」了今天的考試，被虐待的兒童記不清楚他是如何被虐待的等，是一樣的。不過，這些經由壓抑而離開意識範圍的壓力情緒並不會因此完全消失，它常常以另一種形態困擾著當事者——夢境。歐洲心理學大師佛洛依德（Sigmund Freud）在其《夢的解析》中曾明白指出，個人痛苦、挫折的過往經驗，往往藉由壓抑作用暫時逃避出來，但將改換面貌在夢境中出現。有時，壓力會在夢中獲得戲劇性的解決，也有的時候，壓力只是一再地在夢中顯現，卻無法藉此讓當事人獲得壓力的紓解。

## ※否定

否定也是挫折所引起的反應行為之一。否定作用是指降低不愉快訊息的嚴重性和重要性之行為。在否定作用中，個體否定痛苦的現實：一個被丈夫拋棄的女人會告訴其朋友他們是協議分居，而非被單方面的拋棄；胸痛的男人會固執地認為自己是消化不良，而不是心臟問題，他會選擇去藥房地買消除胃酸的藥，而不是去醫院看心臟科醫生。

## ※幻想

幻想又稱作白日夢，也是挫折的一種反應，由於有許多事物在真實的世界中是我們得不到的，所以就只好在幻想中去尋求彌補。前面所述夢境的功能，除了發洩壓抑情緒外，有很大一部分也執行著「幻想」的反應。

在幻想中出現的事物範圍是很廣闊的，可以說是千奇百怪。有些人沉醉

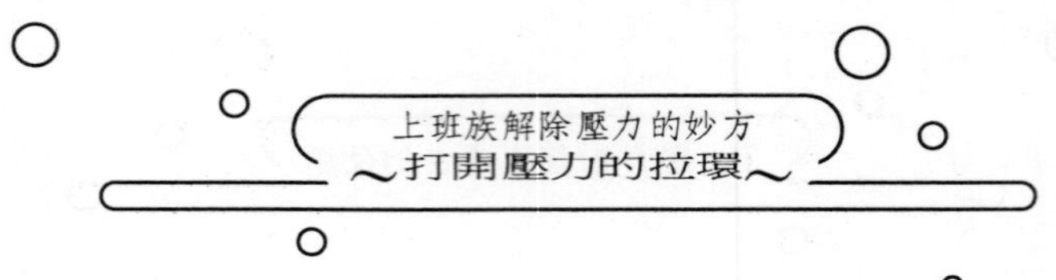


於做白日夢，自得其樂。不過幻想的事物，也反映了個人所希望獲得的事物，例如一個生意失敗的商人，可能幻想自己做成了一筆大生意，賺了千萬元；而一個常受人欺侮的人，可能幻想自己成為武藝高強的武士，要把欺侮他的人一個個打倒。

## ※執拗

挫折所產生的另一種不理智的性格偏差是執拗。特別是重複遭到挫折之後，他容易因此失去理智，頑固而偏執地做著一些達不到目的的行為。本來，在理智清醒的時候，人對於解決問題是會採取靈活應變的處理手法，當該解決方法行不通的時候，便會改採其他的解決途徑。但是，當受到連續的挫折困擾時，個人解決問題的能力便容易受到干擾，變得頑固，而一意孤行地做出沒有成功希望的舉止來，並且抵死不肯承認自己的錯誤，儘管事實證明他是錯誤的，他也不願意接受事實。

這一種心理現象是值得擔憂的，連續的挫折使人變得野蠻而執拗，不肯實事求是地面對現實，明知下面是懸崖，也不惜縱身跳下了。

在日常生活中，我們很容易觀察到由挫折所產生的執拗的行為。例如某甲的車子尾隨著前方開得很慢的車，某甲本想加油超前，但前車此時也加速前進，不讓他超過，某甲幾次嘗試超車都不成功，這個挫折便可能引起某甲的執拗行為，終於不惜冒著生命的危險也要超越前車。原意只為了前面的車子開得慢，但後來對方已改為快速前進了，照理這個動機應該已不再存在，某甲應該取消超車的意念，但他還是執意超車，這唯一的解釋便是因挫折所造成的執拗。

### ※退化

退化的行為，就是以一種不成熟的舉動或者回復到以前孩提時代而現在已沒有了的行為。例如一個五、六歲的兒童，本來早已沒有尿床的行為，但在受到某種挫折之後，突然恢復了兒時的尿床行為。這種情形可見於許多事例，例如家中添了第二個孩了，父母轉移了注意及照顧於新生的嬰兒，大的孩子因此感受到挫折，他便可能發生退化的行為。這包括像嬰兒一般的啕哭、用口咬手指及玩具、回復使用嬰兒初學語時的說話方式等等。

另一種退化的行為，是回復到較原始的行為。例如在受到挫折後，要使用武力解決、與人打鬥或咆哮一番，這些都是人類原始的行為，所以這種表現又稱為「原始化」。

## ※衝突

在某些情況之下，個體可能引起兩極互不相容的反應，這樣就構成了衝突。使得受害者左右為難，受到極大的困擾，甚至傷害了身體。

衝突可以分作三類：

1.「雙趨反應」

是對個體同時存在兩個具有吸引力的目標物，而它們是不可兼得的，所以必須在取捨中做出選擇。正是魚我所欲，熊掌亦我所欲，不過由於兩者不可兼得，由此而產生難以取捨的心態。

2.「雙避反應」

是在兩種要逃避的事物中，做出選擇逃避何者的決定。譬如一個被猛獸追擊的人，逃到懸崖邊上，這時他便同時有兩個要逃避的事，一是被猛獸所噬，一是跌落懸崖粉身碎骨，這兩種後果都是他想逃避的，但是他只能逃避其中之一。避開猛獸就只好跳落懸崖，避開了懸崖就只好給猛獸所噬。

3.「趨避反應」

這是個體對同一事物同時具有趨近及逃避的心理狀態，這是一種又愛又怕的心理。例如老鼠看見捕鼠器裡的肉塊，既然想取得

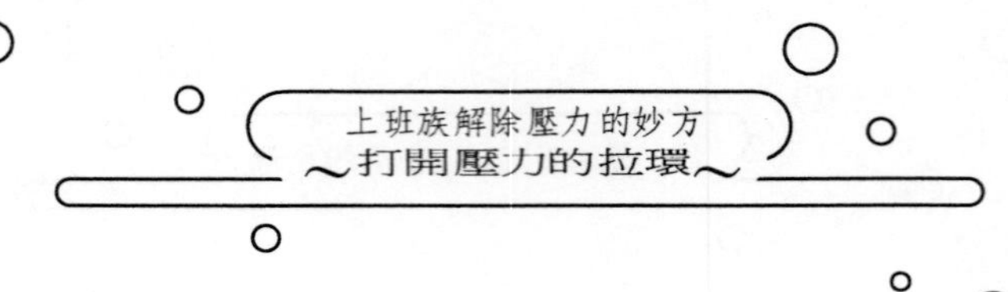


食物，又怕被捕器卡住，於是在獵器前猶豫不定。當牠向食物走去，是趨近力大於逃避力的時候；反之，當牠在接近獵器時掉頭又走，則是逃避力大於趨近的時候，當牠不前進，也不後退，便是趨近力與逃避力相等的時候。任何一個「趨」或「避」的舉動都會令牠產生壓力。

## ※昇華

以上所述者幾乎是負面的性格改變，而昇華可謂是所以壓力促使改變的唯一一項可為社會接受的正面變化。昇華是把無意識衝突轉化為積極的形式，例如一個具攻擊性的兒童變成一名運動明星而不是暴力罪犯，一個得不到愛情的人致力於愛護和關心無人照顧的兒童，心理學者佛洛依德即認為，昇華是個人內在私心與文明社會的限制之間，做一折衷的調節性方式。

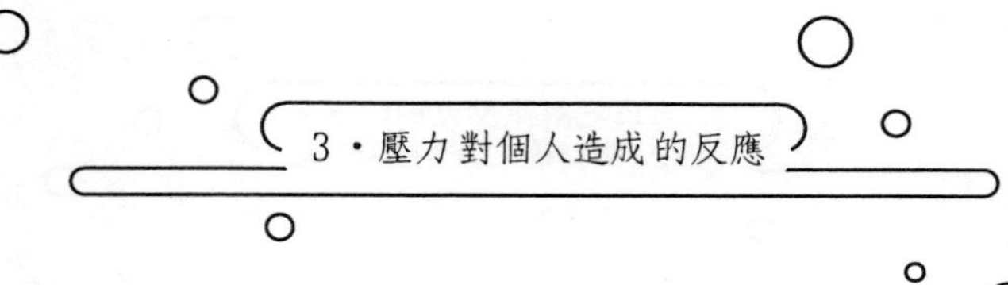


# ✤異常行為

## ※異常行為的界說

壓力作用若不能適時因應，在過大、過久的情緒影響下，前文所述不良的性格變化就極有可能形成異常行為，而究竟讓以何種標準區分正常與異常呢？籠統而言，凡與正常行為不同的行為，離開正常行為的行為都是異常的行為。這樣的答案當然沒有明確地解答前述的問題，事實上，美國心理病學會曾列出一般心理病的特徵。根據這些特徵，由許多這方面的專家來對病人做出診斷，結果他們驚訝地發現，專家們所判斷出來的病症，竟然只有百分之五十的意見是相同的而已！這些專家不但對病患所患的是何種心理病難有一致的意見，其至對同一個病人是否患有心理疾病，都有正反不同的判斷。

這給了我們在判斷正常、異常行為的工作上一個很大的困難，因為標準各有不同，而卻沒有一個大家公認、一致推崇的標準能夠制訂。

例如洗手是一件正常的行為，但當一個人不停地洗手，於是他就很有可能被視為不正常。這樣看來，我們以乎是用「頻率」來界定異於正常的行為。假如說一天洗手十次仍算正常，多過十次便開始有點不正常，那麼洗廿次、卅次……，愈多便愈不正常。然而，用頻率來決定行為的正常與否是有問題的，因為這需要在各種不一樣的環境中，以廣泛的統計工作，定下個別的常態數字才行。然而每一社會有其迥然不同的常態，而使「頻率」做為界定的方法，在操作上遭到重大的質疑。

另一界定不正常行為的方法是「依據社會普通存在的標準」。每個社會的標準都有或多或少的差異，而且標準也因時間的演進而改變，例如在廿年前，一般社會視男子蓄長髮為異常的行為，但是如今在同一個社會中，男子蓄長髮已被視為正常的模式，所以說，社會標準是因時而異的。

有些心理學家認為要確定異常行為，不如從個人適應社會的能力來看：能適應社會的便是正常的人，否則便是一個不正常的人。另一些心理學家則提議以個人的內在感受來判別一個人是否正常，例如一個人常感到不安、壓抑、焦慮而又沒有明顯的客觀存在的原因，那麼就是他自己出了問題了，所以這一種界定是以感受為根據而非以行為為根據。

由以上的討論，唯一可以得到的肯定結論是，異常的心理是難以定義的，同時也沒有一個令人十分滿意的界說。不過定論的存在與否，並不妨礙眾人對某些普遍被大眾視為不正常行為的成因及特徵作討論。

## ※精神失調

神經緊張、精神失調是一較為輕微的異常行為，它可能是由於病者在遭受「趨近——逃避」的兩難衝突時引起的緊張、焦慮及無助而產生，病者可能發生的症狀是失眠、消化困難、腹瀉、精神不能集中，甚至性無能。這是由於對挫折、衝突所引致的焦慮做出保護性的反應，當反應過度的時候，便產生這些生理上的病症。

由於不能應付某些現實的問題而發生失調現象，但是，一旦發生了神經疾病後，則愈不能應付現實的問題，於是病癥便愈來愈重，如此惡性循環，暫時性的失調便可能成為長期不能治癒的病。

1. 焦慮性失調

其病癥是患者在日常生活中，常無故地感到惶恐不安，好像有很大的顧慮似的，所以患者常常不能集中精神，並且發生心跳快速、頭昏腦脹、噁心、食慾大減、容易疲勞，甚至喪失了生活的樂趣。

患焦慮性失調者，有週期性遭到強烈焦慮襲擊的特徵，有時可以一日數起，但也有時長達一個月才發生一次，在強烈焦慮襲擊時，病者會感覺到一種極端可怕之事情將在他身上發生，因而呼吸急促、出汗、嘔吐、甚至暈厥。

除了週期性的發生，強烈焦慮也可能因為某些偶發的事件而引起。例如處於一個令人緊張的環境中，一個人突然被人委以重任，或升上一個責任重的職位，也可引起強烈的焦慮。一些對自己要求高的人，也常會產生焦慮性精神失調。值得注意的是，一些父母對子女的要求較高，也會導致其子女產生焦慮性失調。

儘管這類精神失調的患者，會因某些特殊、偶發的事件而引發重度焦慮，但是我們很難藉由對病患的觀察而整理出所有會引發其重度焦慮的事物，因為多數患焦慮性精神失調的人，是沒有固定的引起焦慮的事物的。他們偶爾因某一事物而引起焦慮，有時也因別的事物而引起焦慮，所以難以找出焦慮的原因——其實重度焦慮的產生是基於個體內在的衝突及緊張而起，外在的刺激只是偶然地碰巧成為引發物而已。當然，在緊張的情況之下，焦慮是自然會發生的。

把焦慮的發生，與現代社會的緊張步調有相當的關連性，特別是近數十年來城市生活愈來愈繁忙、愈來愈講求成就，在這樣的壓力之下，焦慮發生的機率較過去更為顯著。以西方國家的統計數據中得知，精神病患者，有一成到三成是屬於焦慮性精神失調。

焦慮性精神失調與遺傳、學習也有很大的關係。例如在正常的環境中，父母之一是有此病的話，則兒女便有百分之四十九可能也有此病；如果雙親同有此病的話，則兒女更有高至百分之六十二的可能有焦慮性精神失調。目前為止。雖然沒有進一步的證據可以證明，但，精神病與遺傳有很密切的關係，仍是獲得肯定的。

2.頑念性精神失調

某患者往往思念著要做某一種行為，或者真正重複地做著該種行為而不能自制，即使內心裡其實是不願意的。這是由於一種極為頑固而無法除去的念頭，糾纏著病者，這使他非一心想著做這事情，或真的實際去做這事情不可。

例如一個有潔癖的人，終日不停地擦抹桌椅不下十餘次之多，桌椅其實已一塵不染，但此人雖明知桌椅已是乾淨的，卻仍有一種不可抗拒的頑念，驅使他非繼續擦拭這些桌椅不可。

3.恐懼性精神失調

這是逃避反應的一種，出於對某些特定事物做出極其過分的危險估計而起，例如恐怕在高處下墜者，稱為懼高症；恐怕被困在密室者，稱為懼幽閉症；恐怕處於黑暗者，稱為懼暗症等等。

有懼高症的人，在高處不敢向下望，也不願意靠近窗口或欄杆，因為恐怕著發生下墜的危險，所以他是不敢在高處工作的，也不敢爬山、不敢飛行；有懼幽閉症者，往往害怕獨處一個窄小的封閉空間時，被困而不能逃出，因此對於乘坐電梯、船艙裡的小房間、小汽車裡，都感到不安而情緒緊張：無故預感電梯會故障，或幻想被吊在不上不下的位置，沒有辦法打開門走出去，也沒有人來拯救他等等。

依據佛洛依德「壓抑作用」的解釋，恐懼症的發生可能由幼時相似的恐怖經驗而來，例如一個有懼幽閉症的人，可能是曾有過被困在密閉的空間的可怕經驗，例如因停電或機械故障，而被困在電梯之內害怕及憂慮無人加以救援的經驗的人；一個有懼高症的人，也可能由於親自目睹有人不慎自高處跌下而發生恐懼的心理，於是產生懼高的情緒。

恐懼的對象可能因類化及延伸而擴展，恐懼對象的「類化」，也就是，從對其一特定的事物的恐懼，類化至相類似的事物上。例如有個小孩子本來是怕狗的，而貓等動物因為外型上與狗很類似而使小孩也對貓產生恐懼。而恐懼對象的「延伸」則是，恐懼也可擴展至與原恐懼物有相關連的事物。例如小孩子由於恐懼離開母親，因而對上學發生恐懼，由此延伸，可能對學校的建築物也恐懼，對老師及其他與學校有關的事物也生畏懼。

4. 抑鬱性精神失調

據估計有兩成到三成的精神病患者是屬於此類失調症狀，所以這也是一種極普通的精神病症。

抑鬱性精神失調的起因，是可能由於生活遭受某些壓力、挫折而起。其實，在個人的生活中遭遇到挫折而感到沮喪，因而引起退縮、失望，是常有之事。但如能在短時間內恢復正常的心理狀態，克服了沮喪，則當然不致成為一種心理疾病。反之，如沮喪繼續，長時期低沉，不能振作，對任何事物都喪失了興趣，自困愁城，並且因此產生了身體上的不適，如頭痛、失眠、食慾不振等，便是形成了抑鬱性失調。

有抑鬱性失調的人通常都極為消沉而不願意參與任何工作，凡事採取放棄的態度，旁人很難加以推動使其從事任何工作。因為他缺乏主動和工作的興趣，也常有一種自以為無用的感覺，認為世界並不需要他，而他也不留戀於世界，故此類人是有自殺的傾向的。

心理分析家對此種心理疾病的解釋，就是認為個體對外的怨憤無處宣洩，從而轉而向內，產生自暴自棄的行為。例如一個失業的人，本來是對把他辭退的公司有怨恨的，但是這一種怨恨並不能直接向公司發洩，於是將怨恨轉向自己，埋怨自己的無能，埋怨自己不夠好，這樣便造成抑鬱傾向了。抑鬱的形成，是由於個人的活動缺少了強化，換言之，活動的結果，並沒有帶來足夠的報酬和滿足，因個人對活動便愈來愈沒興趣了。而強化可從三個來源來討論：其一，個體本身之條件，這包括年齡、性別、對別人的吸引力及其性格等；其二，環境方面所存在的強化，例如在學校、家庭中還是獨處，甚至是在監獄中，個人所獲得的強化可能性是絕大的不同的；其三，個體獲得強化的才能，例如工作能力、社交技巧、教育程度及職業訓練等。

如是，抑鬱是個人本身的條件所導致的，譬如本身的性格、處事態度或其他方面有令人覺得厭惡之處，努力工作的結果也無人讚賞，所以得不到應有的強化，因而漸漸便放棄了活動；另一些人的抑鬱是環境造成的，這類人如果變換了另一個環境，抑鬱便可能消失了，因為在另一個環境中，活動可以獲得強化，於是便恢復了活動的興趣。

5.歇斯底里

歇斯底里是在心理方面受到強烈衝擊的時候，使身體方面也產生異常現象，所以這是由心理的壓力，而轉換成生理方面的病癥。歇斯底里的表現就是身體的某些部分，包括肌肉器官、或感覺官能失去作用而不能做出正常的工作，例如耳朵聽不到聲音、眼睛看不見物件、手臂不能活動等。而這種功能的喪失並非來自生理的病態，反之，純粹是由心理方面所引起的。

雖然患者沒有任何生理上的理由，來解釋這種失去功能的症狀，但這種病狀卻非偽裝而成，病人真的是會在無生理病因之下，發生功能失效，而這種癥狀是很難偽裝而來。通常在心理過受極大的壓力之下，承受過度的焦慮折磨，而又沒有其他的防衛方法可對抗的話，轉換反應便會發生了，例如一個沒有作戰經驗，也沒有經過嚴格訓練的新兵，進人了一個炮火連天的戰場上，心理遭受壓力，會突然之間感到雙足麻痺，不能走動，或者會視力突然消失，完全看不見東西。

麻痺和失去感覺是歇斯底里常見的病癥，許多病者會有身體的局部癱瘓，及失去痛楚的感覺，不過許多時候，喪失的功能只限於在某種情況之下，譬如失明只出現在晚上，或只出現在高度緊張的時候，而四肢癱瘓也只在與敵人正面接觸之時才有等等。

## ※精神病

精神是神經性失調的惡化與加劇。故此在這個階段，一般已可以說是喪失了理智或陷入了癲狂，病人通常已缺乏了自己照顧自己的能力，而許多時候是需要留院治療以及被看管，以免做出對自己及對別人的傷害舉動來。

即使精神病多半被認為是精神失調加深的結果，充其量只是在病情方面有程度上的不同而已。但是，兩者之間其實仍是有明顯的區別的，最重要者，精神性失調患者無論其病的深淺，其心志仍是保持在現實生活中的，他們保持著與現實的接觸，也不會脫離了現實；而精神病患者則不然，他們已用幻想取代了現實，把自己封閉在一個幻覺的世界中，他們聽到的可能是自己的幻想，看見的也可能只是他們的幻想。

精神性失調者喜歡講述自己的病癥，並緬懷過去的健康，而且相信自己終於會復原；而精神病人則不相信自己有病，倘若有人指出其行為怪異，病人通常會為自己的行為辯護，堅持自己是正常的，或甚至傾向於相信是別人誣害他。前者雖常抱怨自己陷於崩潰，但他們卻少有真正地崩潰的，他們會繼續社交活動並從事工作，也能保持對認識的人、時間、地點有清楚的概念；後者則不如此，他們可能有整個崩潰的情況，並產生完全的混亂，不能保持社交及工作，因為他們是可能做出傷害他人及自己的舉動，因而要接受看管和照料，同時他們對於人、時間、地點的概念也模糊不清，甚至完全失去對這方面的認知。

曾經有人研究精神病的發病與年齡、性別、智力及職業等的關係，得出第一次發病入院治療的人平均年齡是四十六歲；在性別方面，則男性大大超過女性；又在城市居住者其發病率是兩倍於住在鄉村的；而人種方面則與發病沒有明顯的相關。

在醫學上，生理性的病因也是形成精神病的原因之一，諸如一些頭部受傷的人，腦部生瘤，或受病菌侵染，使神經系統受到損害，又或血液供應方面有問題，使腦發育不健全；藥物及毒素也可引致神經的受破壞；又如若干含有促使神經活動成分的藥物，如迷幻藥、大麻等，因其持續分泌有害的機體，而打亂了體內正常的化學反應，產生變化異常，便會發生幻覺一類的精神病。在此，我們則只討論心理失常所引發的精神病。

## 1.精神分裂症

精神分裂症是最常見的精神病，所以在數量上是占了患精神病者的半數。精神分裂症的患者，並不是一個人同時具有不同的性格，例如馴良的性格與殘暴的性格，而是指思想的過程與情緒的表達分裂而不相關，例如當想著哀傷的事情時，卻表現出了快樂的情緒，反之，心裡很高興的時候，卻作出悲哀的痛哭。

精神分裂症其實是個概稱，而它是包括許多種精神病在內的，這些病大致會有以下的異常行為：

1. 情緒反常

病者通常表現出冷淡及無反應，或突然哭、笑等——情緒的表現與思想不一致，故此種病患是會在想著或經歷悲傷的事情時，突然出乎意外地縱聲大笑的。

2. 自我世界

病者可能把自己關閉在一個幻想的自我世界中，而完全無視於所處的現實環境，故此一環境中的事物，他可能完全不覺察其存在，也不覺察其與自己的關係。病者因此對時間、空間等毫不理會，故通常是不知時間及日期等事的，因為病者的心志已全為幻想所占有，所以外界的刺激已不能傳達到他的心中。

3. 能力消失

由於病者生活在幻想中，對外界的刺激已不能做出應有的反應，故不但其工作的能力，甚至生活上對付環境的能力，都同告消失，病者的飲食起居，自己完全不能自理，變成嬰兒一般要人來料理。

4. 妄想與幻覺

病人通常最多的妄想便是覺得有些外在的力量在控制著他的行為及思想，而且相信是有人個別地或串謀地來迫害他。在幻覺呈現時，他會感覺常常看到或聽到一些根本不存在的東西，例如目睹某些怪異的事物等等，而當病人相信別人要加害於他，以幻覺上出現對他加害的事物，成為病的主要徵象時，病人便是已進入妄想狂的階段。

有妄想狂的人會變得十分猜疑，不信任周圍的人，包括自己的至親在內。恐怕別人下毒或用其他方法毒害，他因此對人產生了敵視。

5. 行為詭異

病者可能作出一些詭異而不可解釋的動作或姿勢。有時可能不言不動，維持同一個姿勢達數小時之久，正好像是蠟像院中的蠟像一樣，有時更任別人替他擺姿勢，他完全像是一個沒有自己控制能力的蠟像一樣，是可以給人隨意擺布的。

其他詭異的行為包括重複做某一相同的動作、或比手劃腳、或自言自語、或東張西望等等。不一而足，在別人看來是毫無意義的，對病者本身來說，可能是在其幻想與人爭辯或幻想被人追殺等，故此動作對於他是有意義的。

6. 思想錯亂

精神分裂症之基本病癥，正是思想錯亂，可以說其他病癥都是由思想錯亂而引起的。思想錯亂的結果就是語無倫次，不知所云，故此病者不能使人明白他的意思，他也不能明白別人的語言，所以會發生了溝通方面的困難。

精神分裂病通常是最多在成年後不久發生的，故以廿五至卅五歲時為多，許多時候它的發生是頗為突然的。不過在經歷一段異常的心理壓力之後例如由於人際關係之不和諧，或對社會之不適應，也可能引起精神分裂症。

2. 情感精神病

精感精神病主要是情緒方面的混亂，病者易於激動與情緒極端失常，最普通的情感精神病是躁鬱精神病。

躁鬱精神病患者的表現或是高度興奮、或是極端沮喪，或在此兩者中反覆不定。在興奮來臨的時候，病者手舞足蹈，高歌或大笑，行動快捷，不停活動，或不停談話，話題由一個跳到另一個，而且是沒有聯繫的；在沮喪來臨的時候，卻適得其反，不言不語，行動呆滯，表現出極度哀傷。這也是後面所述躁期、鬱期狀態的延伸與加深。

事實上在精神失調仍屬輕微時，給予即時的注意與治療是重要而有效的，我們很慶幸現今的台灣社會，已漸漸能夠坦然地面對這類疾病，坦然地尋求情感或醫師的救助，這對九〇年代的壓力充斥，實有莫大的紓解作用。

有關心理治療的途徑，我們將於本書下一章中做進一步的介紹。

## ※精神疾病的遺傳及家庭因素

長久以來，研究學者們已知道精神疾病傾向於在家族之中流傳。因此遺傳物質帶來精神分裂症的某些先天傾向，可能是病症發生的一個起因。由於該種遺傳物質仍未被證明，所以，研究者以幾個研究系列來探索精神疾病與遺傳的關係。這些研究結果都指出了一個共同的結論：在遺傳上與精神疾患者有親屬關係的人，將比其他一般人較可能罹患此一病疾。而大量的臨床的統計資料也顯示與此一結論吻合。

舉例來說，如果雙親都是精神分裂症患者，則他們子女罹患精神分裂症的比率從35％到50％；如果雙親之一有此病症，但另一方正常，子女的罹患率會降低很多，大約是16％左右。另外一些研究顯示，血緣與精神病患者愈近者，罹患率愈高；家族中精神病患者愈多時；罹患率愈高親屬的精神疾病愈重時，罹患率愈高等。事實上，當親近家屬中有人患有精神病時，個人的罹患率要比一般人的平均罹患率高出四十六倍左右。

此外，為了區分精神病行為在家庭中究竟是遺傳而來，或是互相模仿、學習而來，學者們於是又做了另一系列有關雙胞胎及養子的研究。結果發現，當同卵雙胞胎其一患有精神疾病時，另一人也罹患該病症的機率，比異卵雙胞胎的兄弟（姐妹）要大。另外，當同卵雙胞胎被分開養大時，其共同患病率為77％，而一起養大者，其共患率則為91％。從同卵雙胞胎的共患率只有91％，而無法達到100％絕對比率的事實中，我們可確知環境的因素也扮演一部分角色。

有關遺傳因素在精神病病原上扮演重要的角色，最令人矚目的證據是來自養子的研究上。精神分裂症患者的子女雖然被另一對正常的養父母，在一個正常的家庭中所養大，但仍然有相同的精神病罹患率。另外的研究顯示，正常的兒童被精神病人所養大，比起親身父母是精神分裂症患者的情況要低很多。

但是，研究者也同時指出，生理的異常也許會影響一個人的行為模式，但在該行為模式也會在鼓勵以及加強作用中，更為固定；此即意味著，異常行為會在某種程度上受到環境的感染。

由上可知，生長環境在精神疾病發生的與否上，有著重要的地位。

在國外，社會學家、家庭治療學家及心理學家都曾研究在精疾病發展上，家庭所扮演的角色關係；一般來說，這些研究都是以心理異常的原因做為主要探討的焦點。大部分的這類研究顯示，在精神疾病兒童的身家背景中，竟有很高的比率是兒童在不快樂的父母影響下，習慣了使用挫折感和敵意來面對世界；而且，這些父母的關係通常也都不協調，這些兒童覺得自己應該對父母婚姻的持續與否負責。

另外有些學者則致力於研究精神疾病罹患率與家庭基本權力結構之間的關係，他們發現精神病兒童與正常兒童在這項因素上有所差異。舉例來說，在精神病兒童、或者是後來成為精神病患者的兒童的家庭中，父母的其中一方或有強烈依戀子女的傾向，前述曾經提及，精神疾病病人無法分別自我與外在世界的關係，這或許可溯源母親與孩童之間早期的一種強烈的共生依戀，這種共生依戀使得雙方無法明確分別彼此，相互之間因高度的依賴，而使侵入彼此的生活領域，因此有很高的分離焦慮。

因此，曾有多位研究者創立一種假說，認為精神病患者的母親與患者之間，常會有一種雙重束縛的病態溝通。所謂雙重束縛是指孩童從母親那裡接收多重命令或消息，但這些命令或消息卻是彼此矛盾的，難以全部配合或遵守。例如一位母親常抱怨她的兒子對她缺少關懷，但是當兒子試圖接近她

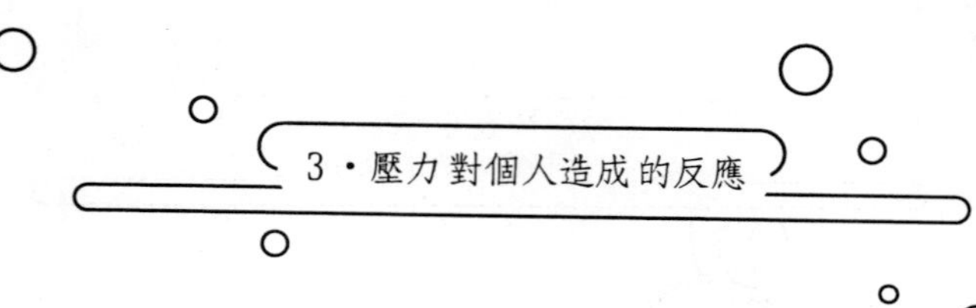


時。她卻又加以拒絕，使得兒子無所適從。長期困擾於這些兩相矛盾、兩相抵觸的事例中；陷於這種動輒得咎，怎麼做都不對的情況中，兒童對現實的認知及判斷能力將會逐漸衰弱。結果可能是兒童無法對現實作正確的判斷，認為自己的感覺、知覺及自我認識都不是真實的，以致發生與現實的脫節，影響自我機能的正常發展。

對有精神病患者的家庭溝通所進行的研究，發現在這些家庭中，比起正常家庭成員之間在交談時較少彼此感應，也較缺乏人際間的親密的感受；成員間不太願意去關心對方、傾聽對方，也不太願意花時間去作情緒傾吐及消息交換等情感交流。

上述有關家庭溝通方式的偏差的這些研究，都是把家庭視為一個封閉的系統，意即，將患者所處的環境限定在家庭之內。而現行的研究則把家庭放在一個較大的社會背景中，包括了人際環境、社會環境、工作環境等，都值得探索。

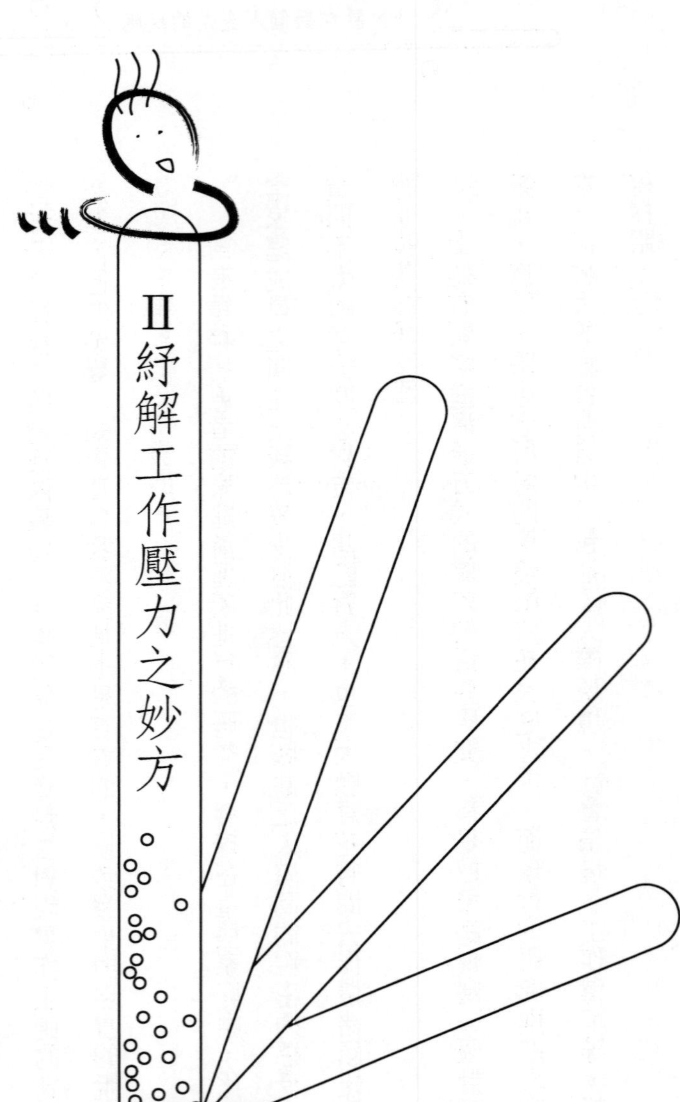

# II 紓解工作壓力之妙方

如何發現深層的自我，讓自己在養足充分體力之餘，解除腦力與心力的壓力？

心理學家認為，腦力的壓力，可能跟個人早期經驗所存留的價值觀及信念有關，致使個人堅持某種想法，難以應變解決而有壓力。就如每個人腦海裡有一個框框，如果只放個人自己堅持的、自以為有利的想法，便不容易允許介入遷就其他人的意見，如此，則會使自己必須承擔所有成敗的後果，壓力即無可避免地立現；若是個人能換個角度看事情，或者收集對自己較不利的資料來試試，讓框框挪出一些空間作逆向思考，自己的彈性也就隨之展開了。

至於心力方面的壓力，也就是情緒，一般人多是簡單地想辦法宣洩掉，然而，假使沒有找出內在真正的焦慮，並做適當、確實的表達，宣洩的方法很有可能就無濟於事，甚至引發反效果。情緒是沒有對錯的，每個人也都有發洩情緒的權力，但處理的方式與表達若有失誤，就容易讓人否定自己的情緒。正如，明明是擔心，表現的卻是生氣；感覺無助，卻以攻擊他人來發洩，這只會使問題更嚴重。最好的方法就是體察自己的深層情緒，無論好或不好都接受，才能宣洩得法，解除壓力。

在壓力無所不在的現代社會，科學家對於這種心理隱形殺手研究日深。新的證據顯示，壓力對身體所造成的傷害遠遠超過想像，不但會造成心臟病和腫瘤，還造成失憶症、免疫系統功能減退，甚至一種特殊的肥胖症。

基本上，壓力是對危險的一種本能反應，可分成兩個階段。第一階段涉及交感神經、腎上腺、延髓軸，也就是熟知的逃避或攻擊反應。腦接收到威脅的訊息，沿脊髓傳送訊息到腎上腺，腎上腺分泌腎上腺素後，整個身體立即轉變成備戰狀態；假若判斷錯誤，說以為威脅出現，此時生理防衛就比想像中的威脅更為麻煩，那些待用的脂肪與葡萄糖未經立刻代謝，只好留在血液中，脂肪在血管內凝結成塊，導致心臟病或中風，高量葡萄糖則促使產生糖尿病。

壓力反應的第二階段涉及下視丘、腦下垂體、腎上腺皮質層，這個階段的反應似乎與情緒壓力與思想壓力關係較密切。若此一內分泌過度，記憶力與認知能力會受損。

令人驚奇的是，壓力甚至可以改變你身體的形狀。壓力反應會使身體動員貯存的脂肪用以製造能量，因此身體把脂肪存在肝臟附近，有其應有的道理，這樣可以讓肝臟把脂肪轉化，用到肌肉裏去。自然，腹部的脂肪細胞，似乎對糖皮質特別敏感，而這些荷爾蒙特別多的人，也特別會在腹部積聚脂肪，即使他們身體其餘部分很瘦。

研究發現「自視不如別人有吸引力的人，自尊心較少，心情較常處於低潮」。而且男性和女性對壓力的反應也有顯著差異。在碰到壓力時，女性的血壓比男性血壓上升得少，但女性的外在壓力來源比較多。女性比較常感受到壓力的原因，是她們對日常生活擇取較為全局的觀點：男人可能因為家中有人生病而擔心，但女人卻因為整個村子的事物而煩心；男人一次處理一件事，女人卻把所有事情攪和在一起。

除了性別之外，早期兒童經驗，似乎對人們處理壓力的方式也有強烈的影響。小孩子在孤兒院長大或者在家中乏人照顧，長大後遇到壓力比較會分泌糖皮質素。假如家庭混亂不堪，不團結、家族成員彼此憎恨，長大以後碰到各種壓力，血壓很容易升高。反之，從穩定、有愛心的家庭成長出來的小孩，便容易學會紓解壓力的反應。

總之，無論是從主觀或客觀因素來分析壓力的來源，壓力對人產生的負面影響總是左右著現代人的生活，因此，以下就介紹並說明各種降壓的方法以及提供紓解壓力的正確方式，好讓我們在面對壓力時，得以在最短的時間內獲得解脫。

# 4・一般常用的降壓方法

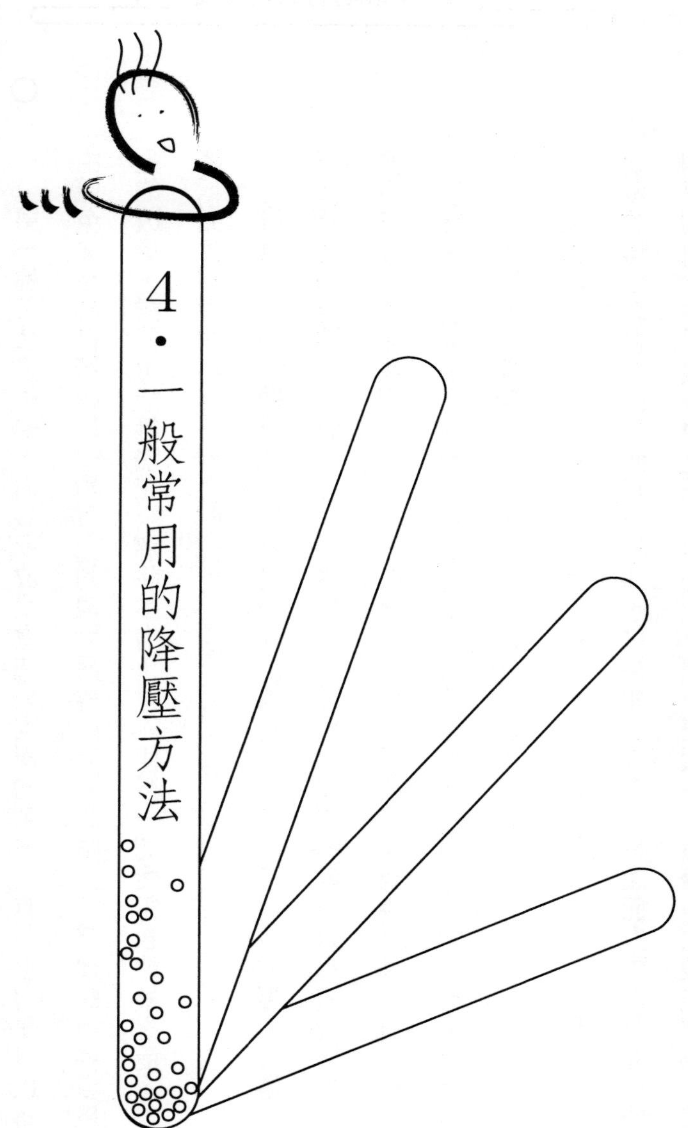

概略而言，降低生活中的疲勞及壓力，一般有兩種不同的方法。

第一種方法是拒絕、消滅或改變會造成困擾的刺激，有些壓力是可以藉由避免涉足於會造成那一類壓力的環境而得以完全的防止，其他的一些環境上的改變，雖然可能無法完全解除壓力，但能使得一切變得較能被忍受，並降低對身體健康以及精神寧靜的傷害。第一種方法有其侷限性。

複雜的事物、競爭性、以及變異性已經為生活增添了很多的壓力。隨著現代社會的走調，久而久之，這些包含在現代社會中的成分只會繼續增加、變廣變強。然而我們對居家環境改變以求放鬆目的的可變性不多，有些社會大環境造成的大的、主要的壓力產生，我們鮮少能做些什麼，甚至無能為力，這就是為什麼會有第二種降低壓力的方法加入。

當大環境變得更複雜、更困難之後，不管我們喜歡它與否，我們所必須要做的事是教育自己如何有效率地應付裕如——也就是說面對內在及外在的刺激如何反應以及改變之基本原則。比起改變環境，改變自己較能提供改善

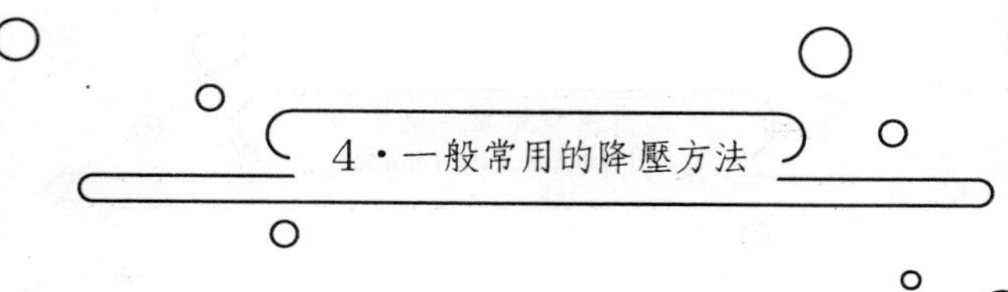


的範圍與機會，因為我們所能改變的環境很少。在前一章，我們已看過兩種截然不同的反應對身體及精神的影響——一種是警醒的高清醒度的反應，另一種是寧靜的、低清醒度的反應。

## ✤消極的方法

### ※暴飲暴食

在上一章中，嗜吃是壓力下常見的反常徵狀之一，這也是它之所以成為解決壓力的消極的方法的原因，在吃吃喝喝的過程中，個人藉著進食所獲得的滿足感來替代壓力所造成的不安全、虛無的感覺。因為情緒處在一種極度緊張的狀態中，致使理智無法控制進食的分量，不知不覺造成暴飲暴食。

## ※借助藥物、菸酒

在西方，應付緊張壓力的三種最通用、流行的方法是，服用鎮靜劑、飲酒或抽菸。道些刺激性物品可藉由使人變得遲鈍來達成其免於壓力之效果，使人產生飄飄然的陶醉感覺，獲得一時的解脫，但它們可能使人上癮或有害健康，最後，造成壓力遲鈍效應，漸漸地必須使用更強烈的方法。害處顯而易見。

### 1.藥物

對於大部分的醫生以及病人，神經緊張以及焦慮的「解答」就是鎮靜劑，有些人每天服用一直持續好幾年。但對於大部分的使用者，中斷此藥的使用會產生不愉快以及脫癮的症狀，這些症狀有些類似被急性焦慮侵襲的反應，但我們卻同時發現另一個相當值得注意的現象，即對於只服用此藥數月且服用劑量不高的人，這種困境也可能會出現。

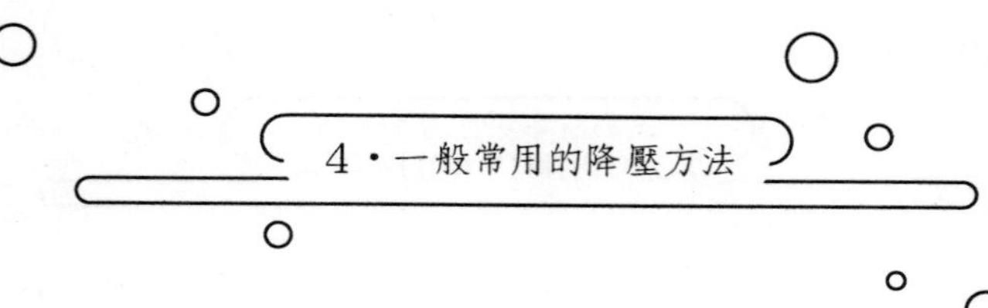


是的，當醫生必須處理其病人嚴重的問題時，藥物確有其在醫療上的用途，但許多醫生已道出對藥物過度給予之處方的關切，尤其是那些針對降低神經緊張與心智痛苦的藥物。在英格蘭，醫生開的處方泰半是鎮靜劑、抗憂鬱劑及安眠藥。一份由皇家大學出版的報告指出，在一九六五至一九七〇年間的將近一千五百萬份的年度處方中，鎮靜劑及催眠藥的使用在英國已經由原本很少用量增加至多了百分之二十的用量，在今天當然數量就更高更可觀了。

一般濫用藥物最普遍的包括海洛英、迷幻藥、嗎啡，以及台灣近來極力取締的安非他命等。在使用的廣泛度上來說，巴比通（barbiturate）一類鎮靜劑幾乎是最高的，這一類藥物的作用可壓抑行為及由鬆弛而引人睡眠。在濫用上癮後，過量服用是可能致死的，因它會令呼吸的肌肉停止工作，窒息而死。它之所以盛行乃因少量的服食反會引起興奮及輕快的反應。

惡名昭彰的海洛英是鴉片提煉出來的，對中央神經系統有壓抑作用，它可以當藥用以止痛，並會使人產生快樂的感覺。不過服食該藥品極容易上癮，並且所服用的劑量會愈來愈大，因為身體很快便已增加了對它的容受量而使低量的藥物起不了作用。

由於嗎啡在絕大部分的國家都受到嚴格的管制，非法售賣的人均會被判以重刑，所以吸毒者要付出很高的代價才能取得藥品。如此往往迫使他們挺而走險，作奸犯科，所以，此毒品與犯罪常是連在一起的。

迷幻藥也是使人產生幻想的一種藥品，服食一劑通常有數小時的功效，在藥力發作時，心跳加劇、脈搏加速、血壓和體溫都會增加、瞳孔擴大、手腳發抖、全身起雞皮疙瘩等。許多服用者則更發冷、冒汗、臉色鐵青、流唾液、呼吸失常，並且嘔吐及失去胃口。但是，不同於前述的嗎啡，服食迷幻藥並不會上癮，停止服用身體也不會有不良反應。在六〇年代中，一些西方國家的青少年非常流行服食此種藥品，幸而近來流行的風潮已較冷淡。

藥物產生的放鬆還有另一個壞處，此類是以「掩蓋」感覺知覺及情緒活動來造成放鬆，測試結果顯示它會使人反應變慢以及判斷力模糊。

2. 酒精

含酒精飲料因為其所能帶來的愉悅而可能為人所喜愛，同時，它亦能在社交工作為潤滑劑，然而以酒精來應付壓力卻不是個令人滿意的方法。道理同上一段服用鎮靜劑者類似。它有造成生理依賴性的危險，會降低反應能力、智識的敏銳度會不足，並且會使判斷力變模糊，同時也可能飲酒過度並可能損害肝臟。酒精會降低腦的活力。酒精會造成胎兒酒精症候群，例如飲酒母親所生下來的小孩可能腦比一般人小。

而長期的酗酒是可以造成肝與腦的損害。肝會硬化，大腦功能降低、判斷力減弱、記憶力衰退，而且會引起知覺錯亂，產生幻覺，嚴重的更可能發生痙攣。另一不良影響則是酒會使人胃口減低，許多飲酒的人因此有營養不良症，而使身體大受傷害。

以正面的觀點來看，有一些證據顯示那些每天喝一兩杯的人比起滴酒不沾者，患心臟血管疾病者少。酒精會抑制血小板的活力，血小板是血液中極小的物質，與凝固、凝結功能有關，酒精使血液不會那麼地黏並使血管擴張較大，血液變黏與血管變狹窄與飲食中含過多之飽和脂肪有關。血液樣本實驗顯示，假如把酒與有油的肉一起吃，比起光吃肉而無酒精，前者造成的傷害較小。

3. 菸草

人們藉抽菸來紓解神經的過度活化以及緊張，當焦慮的本質是慢性的時候，常會使得吸菸過量，並且多方面地影響健康，它對健康多方面的危害已有相當詳細的許多書出版。菸草是刺激物，不是放鬆物，它會活化已增加生產的壓力性荷爾蒙正腎上腺素，然而抽菸者當一被壓力牽動的時候，就會去拿香菸及打火機。是什麼緣故使抽菸者覺得焦慮得以紓解？有部分原因是「安慰劑效用」，有部分原因是抽菸時肢體動作的安慰性儀式，同樣地吸吮亦有安慰的感覺。儀式性的因素非常顯著的是點燃菸管這動作，正如摩里斯

（Desmond Morris）在其大作《人類動物園》一書中形容抽菸為一種替代性活動：忙碌雙手，以便將注意力由擔心與焦慮中轉移，事實亦是如此。一些心理學家稱之為「嘴部滿足喜悅的方法」——就像嬰兒吸吮拇指與奶嘴一般。

因為已經引起了腎上腺的反應，抽菸使血壓升高，並增加血液中膽固醇及脂肪物質的含量。眾所週知的，抽菸與肺癌有關，但不完全明白是為什麼只有少數吸菸者受到感染。而較不為人所知的是，吸菸者占心臟血管疾病死亡人數的數目，就像占肺癌而死亡的人數一般地多。一天吸超過二十根菸的男人，因心臟病而死的機會是不吸菸者的三倍，並且，吸菸者所生下的小孩傾向於體重不足。

吸菸者把感覺的知覺扭曲變形了，品嚐食物的感覺變得有缺陷。偏愛味道很重的食物，或許可用來透視出一個人已成為菸癮者的方法。

印度大麻，除了在有些國家是非法品之外，為數千人所吸食，最主要的原因是因它能造成更大的放鬆狀態，暫時的安樂舒適以及脫離現實世界和人際束縛。

經過了放鬆練習之後，抽菸者通常會減少他們每天所需要的香菸數目，有許多人完全放棄抽菸的習慣，這個事實可以指出抽菸與神經緊張之間的關連。抽菸可以說是神經緊張的症狀，並企圖以抽菸這個方法來降低焦慮；同樣的，當人們變得對放鬆技術適應之後，通常可以減少鎮靜劑與安眠藥的用量，常常可做到完全放棄使用這些藥物。對酒精的需求量，同樣地也降低了。那些大量飲酒的人，通常為的是一種「緩衝」效用。

## ※瘋狂購物

以瘋狂購物來取代壓力所帶的苦惱，藉由選購物件來分散對困擾情緒的注意力，固然可暫時忘卻壓力，但隨之而來的經濟壓力則不免又成為另一項壓力，況且，原來的問題只在購物的進行中暫時被忘記，但未有任何紓解或解決。所以也與上列的各種方法一樣，均屬治標不治本的做法。

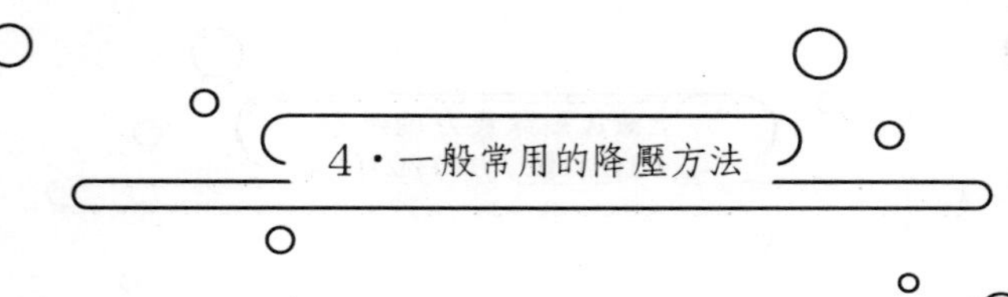


當然，適當的購物，做為自己辛勤工作的一種回報，仔細挑選實用、有價值的禮物，增加樂趣，可以發生紓緩工作壓力的作用，而瘋狂購物則不可取。

## ※尋求刺激及破壞性行為

有些人解決問題的方法，乃是透過一些很誇張、激烈的行為，包括去從事一些社會不鼓勵，或甚至禁止的行為，進而則對人（別人甚至自己）或對物體採取暴力攻擊性行為。這些人在生活上遭遇到壓力，便會透過對其他人在口頭上或實質身體上的傷害。這些歇斯底里的行為，最常見的是摔東西，藉以來發洩自己的情緒。台灣近來常發生的青少年飆車並砍人的事件，即為顯例；而虐妻、虐兒的個案，也與這些經歷有關。

在精神病中，最常見的精神分裂症狀，就是使用暴力後，卻不知道自己做過什麼事。對於這破壞性的行為傾向，美國曾有位具生意頭腦的商人，針

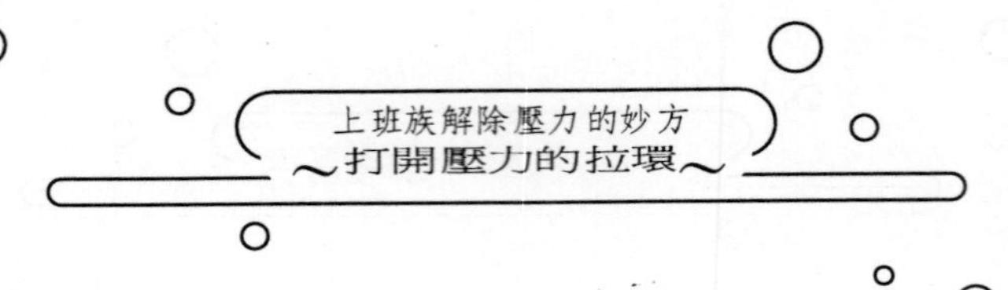


對人類深受壓力之困的痛苦，開了一間洩憤公司，他將許多廉價的破璃杯、木板之類的東西，放在一間房內，顧客在付出指定的費用後，即可入內大肆搗亂，他可以將裡面的東西摔個稀爛，在指定的時間結束後，顧客經常可以感到憤怒全消。

只要在不激起患者更大的破壞慾望下，這或許是個不傷害他人的發洩方法，但卻不見得是積極而健康的。

## ※逃避問題

有些人難以面對所遭遇的困難，藉由片面的否定問題之存在，假設問題不存在，甚至推卸責任，而若無其事地生活下去。例如：有些人面臨被解僱的危機，其實他正受到很大的壓力，但卻仍假裝沒事，否定問題的存在。這是壓力下的否定作用，是一種非常態的行為。

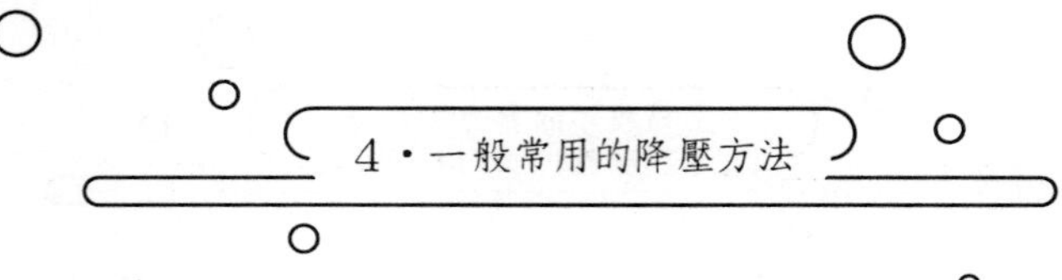


## ✤積極的方法

### ※鬆弛精神

藉由如同中國佛教以及日本武士道中的「打坐」，來鬆弛身體的方法，在世界各地都有著歷史的根源。好幾世紀以來，在東方文化中好幾種可以使心靈平靜下來並解除身體緊張的方法已被廣泛使用。也許是這套坐禪方式帶來的啟發，西方人已發展出各種方式的冥思和鬆弛訓練法來降低身體緊張的活動，並且也漸漸成為日常生活的一部分了。

所謂鬆弛的狀況是指肌肉緊張度大腦皮層活動、心跳速率和血壓都要降低下來，呼吸會變得較緩慢；另外，從外界環境傳入中樞神經系統的刺激輸入，也被降下來。在這種緩和的心神狀態中，個體可以從壓力反應中，恢復過來。

要產生鬆弛反應需要四個條件：

1. 安靜的環境。

2. 閉上眼睛。

3. 舒適的姿勢。

4. 一種重複性的心智活動。

前三個條件是在降低神經系統的刺激輸入，第四個則是在降低神經系統的內在刺激。

神經系統一旦獲紓解，肌肉組織也間接獲放鬆，肌肉的放鬆是一種神經肌肉技巧，必須靠每天的練習，以學習瞭解肌肉所表現的動覺，藉由此種感覺我們可以知道我們的肌肉是在緊張狀態的、或是在放鬆狀態。另一個練習的因素，則是因為個體可以藉此自主地控制骨骼肌。

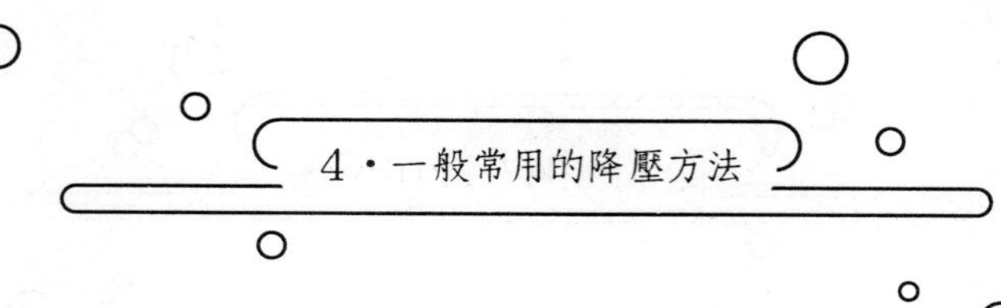


身體的骨骼肌系統提供我們一個實用的進入點，可進入並控制個體的警醒反應，因為肌肉張力就是這警醒狀態下的一種現象，所以當肌肉活動降低時，身體各處的警醒度也隨之降低。故此，肌肉的放鬆以及身體與心靈的平靜狀態是密不可分的，所以若欲得到放鬆，則必須先解放我們的目標——即放鬆身心。

放鬆反應被發現之初，雖然只是描述一些人類與生俱來已有數千年之久的生理狀況，但哈佛大學醫藥學教授暨波士頓貝絲・以色列（Beth Isrell）醫院高血壓部門主任班森（Herbert Benson）博士對此深信不移。

對於警醒與放鬆反應在生理學上詳細的科學性描述，一直到醫學科技更進一步改善才得以測量伴隨這些反應而發生的身體某些地方的改變。一九六○年初期，才有有關放鬆反應的科學性調查探討，而它發生的機緣非常有趣。許多重大的科學發明常是於機緣巧遇，而此處之發展亦然。一九六八年，班森博士在哈佛大學醫學院研究猴子行為與血壓之間的關係，那時幾個具卓越冥思能力的熱心實習生向他走近。他們問班森博士是否可在他們作沉思時偵測其血壓，因為這幾個實習生相信在冥思時血壓會較低。剛開始，他們的建議被回絕了，但這幾個冥思者不斷的要求實驗室做研究，直到班森博士答應為止。他研究簡單冥思方法所產生的生理改變持續了數年，當他將所看見的所有相關訊息整理統合，發現異常深沉的休息所引發的人類與生俱來的反應，可幫助人們抵抗壓力反應所造成的有害影響，並具有療效，他稱放鬆反應為「極度休息狀態」。

在放鬆反應中發現了哪些主要的生理改變呢？他們又是如何將之與警醒或打或跑反應比較？答案是大部分的放鬆反應所產生的變化之方向與清醒之生理變化方向恰恰相反，它們之間的對比相當明顯，對於想要保護自己免受壓力之害的人，以及想從放鬆之中得到益處的人意義深遠重大。

伴隨著極度放鬆所產生之生理上的變化，第一件要注意的是：心跳速率下降了。班森博士及其同僚發現自願受試之冥思者研究發現，平均每分鐘心

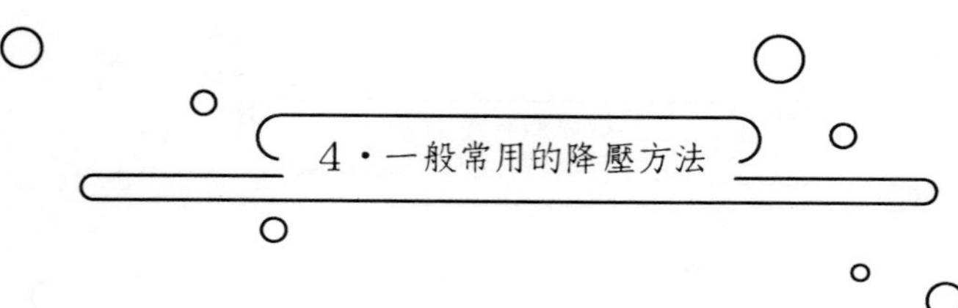


跳平均不到三下，心臟的工作量降低了，呼吸速率慢了下來，並且呼吸變得較平靜且較規律。

另一種處理內心中泉湧而出的雜念的方法，是一有任何雜念，便予以壓制。雜念若再返回，則再予壓制，一定要突破此一階段方能解決問題。只要靜止不動、不想、不接觸、不做任何事。有趣的是，不想、不接觸、不做事，遠比想像中還難。

當然了，你也許很懷疑靜止不動的功效，及它如何、為何對身體有好處？但愈來愈多的科學研究已開始肯定絕對放鬆的臨床價值。除了降血壓外，絕對鬆弛也可以刺激身體免疫系統，使我們體內與生俱來的自療能力迸發出來。恰如身體在睡眠當中更能療癒自己的一樣，有意識的鬆弛也提供了療傷止痛的大好時機。

鬆弛對中止自己、或他人的不妥行為效果很小，鬆弛不能增進人際關係，也不能解決個人任何外在的問題；而那些困擾，就可能是個人尋求鬆弛的首要原因。

鬆弛時若能深入心坎，進而獲得內心的寧靜與安全的感覺，將是極有價值的。但除非你是故意想求得鬆弛，否則鬆弛會變成逃避，不是解決逆境的好方法。

放鬆反應被發現之初，雖然只是描述一些人類與生俱來已有數千年之久的生理狀況，但哈佛大學醫藥學教授暨波士頓貝絲．以色列（Beth Isrell）醫院高血壓部門主任班森（Herbert Benson）博士，對此深信不移。

頻繁而苦惱的念頭，往往會匆匆浮上我們的心頭。處理這種心理的雜音有許多不同的手法：許多人窮畢生之力以創造心靈的寧靜；有些人專注於呼吸；有些人專注於誦經；另有些人專注於過去愉快、舒坦的感覺或經驗。

早先，有人認為影響我們生活中的壓力的量之多寡有兩大類的通道，其中一類主要是外在的、環境的力量所產生的壓力；另一類則是我們如何對事件產生反應。我們主要的注意力應集中於我們的想法、以及反應的方式，而不是意味著放棄對環境或是外在的生活狀況做改變。

也就是，當你沒有辦法改變刺激來源時，你或許可以改變或修正你對刺激的反應。在大部分狀況下，一個容易緊張的人會以警覺、激動的方法做反應，那很容易激起逃避或反擊的反應；而一個較放鬆的人，則可能還沒來得及完全警醒，或只有前而那一種人程度的一半而已。

由於對抗壓力的方法主要在於增強抵抗的力量，增加我們可以得到的躲避方法，或使突然而猛烈的壓力轉向，以及緩和壓力所帶來的衝擊的技巧。而前述所提，則是最直截了當、實用、簡單以及有效的方法，它已被科學性的紀錄，證實會帶來真正的放鬆效果，並且不需要任何設備，也不需要技術，或是所謂的信念、文化方面的某些特殊宗教的信仰。我們主要針對生活的經驗，這對任何信仰系統的人種均是坦白無隱的。或許那些狂熱盲信者除外，因為他們可能造成與有效放鬆相反的效果，唯一我們需要做的是，開始練習並發現出經驗的面貌。

## ※借助人際關係

這種方法，多數在我們親密的朋友、家人、伴侶、配偶中獲得。尋求感情的支持，可給予我們一個宣洩情緒的機會，以及讓身旁的人為我們分擔苦惱、解憂。兩個人分擔壓力，必然比一個人獨力承擔要好得多。這本來是一個很有效紓緩壓力的方法，但其效益會因我們與這些人的關係遠近而有程度上的分別。很多人因為疏忽，或其他生活事件（如工作、學業）的緣故，已沒有精神及時間去維持、發展與其他人的友好關係。當我們發覺自己遇到壓力或困難時，卻無法從這人身上得到足夠的支持去解決困難。

基本上，如果一個人能在私人層面長期與其家人及親朋友好維持良好關係，能夠有親密的朋友可以交談，可以尋求意見，並可以取得交流和共鳴時，他們也就有較好的能力來處理工作的壓力，或失業、婚姻崩潰、嚴重疾病等較大的變動；並也有助於應付日常生活中的小困擾。所以，能夠與朋友友好，維持穩定、良好的關係，遇有困難壓力時，有人分擔、解憂，確實是一個有效應付壓力的方法。

另外，個人在感到壓力時，也許會自問為什麼如此辛勞?而不禁產生自憐。在自顧不暇的情況下，許多人都不願再聽朋友們的訴苦。

但事實可能是剛好相反的，多聽別人訴苦，反而有減壓的作用。因為就對方而言，可以因將心中積壓的不快盡吐，感到心理負擔輕了；在聆聽者方面，也能在困倦的生活中，得知朋友的近況；最主要者，是讓自己理解到家家有本難唸的經，人人都有棘手的問題正待解決，因而自己的問題可能會在比較下顯得微不足道；或者，在互相討論中獲得建設性的建議，而得到紓解。

良好的人際關係，來自對自找的認識及接納，來自對他人的溝通及體諒，也來自友誼關係的經營及滋潤，當你想要對方與你共擔危難時，必先與對方共享福樂。

## ※宗教信仰

有宗教信仰的人，會覺得其宗教能給予他們精神支持、內心平靜及安全感，對那些人而言，宗教對於減輕壓力是很有幫助的。目前有很多人使用其宗教或占卜方法，例如：算命、風水、姓名學、紫微斗數等。各門派均號稱自己有根有據，但實際有多大效應則不得而知。然而就心理學角度而言，這些方法的使用可增強我們一種感覺，乃是認為我們自己其實是可以預測、控制我們所要面對的處境，間接使慌茫無措的情緒壓力減輕。

這在心理上的確是有一定效益的。通常，處在壓力當中的人，有一種自己不能預測及控制自己前面處境的感覺。而使用這種方法的人，就能給自己一種較能預測及控制前面將要發生之事的感覺。無論這些方法是真實還是虛幻，但確實能減低一個人所經驗到之壓力，然而對於真正解決問題，就未必是最有效的方法。不過，有些人在參加宗教活動中，交到能互相支持關心的

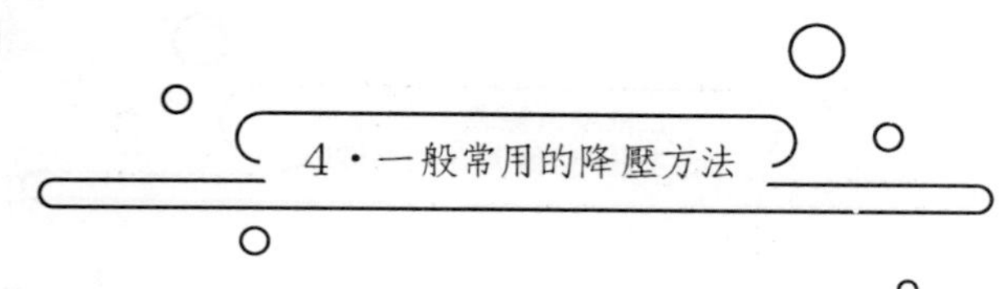


朋友，得到情緒上的支持，甚至是一些心理輔導，則是很有意義的。

除此之外，事實上宗教在減緩壓力的積極意義是信仰者能由宗教的精神、義理中，悟出生命意義。絕大部分的宗教都是正面而良善的，其教義教導人們不為金錢而扭曲自己的志願、不苟且偷安於黑暗的人際關係裡，這便是眾多壓力來源的杜絕之道。

## ※氣功、瑜伽等非正統療法

這包括了民間的醫療方法，例如：最近流行的氣功、早些時候流行的針灸、指壓治療等方法。此外，還有些歷史悠久，並被人認為對於應付、解決壓力有效、有幫助的方法，包括：太極、按摩、瑜伽等，也廣為人所使用。

不過，這些方法基本上只是治標的措施，而非解決根本問題的好辦法。這些方法對於應付一些短暫、不嚴重的壓力，給予一段喘息的時間。這對注意力的分散、使緊張的神經鬆弛及幫助身體復原，是會有一些幫助的，起碼也會有一種安慰劑的作用。但對於長期工作壓力則效益不大。

然而，從事這些活動基本上是值得鼓勵的，因絕大部分都對身心健康有益。但如果自己發覺這些活動開始時已是無效或漸由有效變為無效時，則切勿勉強試行，勉強堅持的結果，反更加重壓力，導致精神崩潰。所以，這時應另外尋找其他方法。

## ※營養

處於焦慮狀態下的人，比一般人需要更多的維他命和礦物質，尤其是需要許多的維他命B群，維他命B、C及鈣、鎂被證實為與焦慮性症狀有關連。那些症狀包括失眠、心緒不寧、沮喪和疲勞等。

一個處於焦慮中的人，比平時需要更多的營養，其中，對於鈣和維他命B群的需要增加最大。所以，一個不喝牛奶、不吃綠色蔬菜的人，很可能因無法攝取足量的鈣，在他因承受壓力而呈肌肉緊張狀態時，身體所製造的大量乳酸便無法取得足夠的鈣質來與它發生反應。這樣一來，他會覺得更疲勞、焦躁和不滿。反之，這時如果有足夠的鈣質，他是不會感覺那麼疲勞、焦躁和不滿的。同理，很多人晚上睡不好或難以入眠，他們需要的也許並不是安眠藥，而是菠菜、牛奶和適度的運動或一些放鬆的技巧。又如咖啡、紅茶、巧克力和可樂都含有大量的咖啡因，會消耗體內的維他命B群，如果身體已經受焦慮所苦，就要避開咖啡因的攝取，否則焦慮的情緒會更惡化。

人體要維護健康必須兼顧四十至六十種營養素，包括了維他命、礦物質、動物脂肪和來自植物油的氨基酸，另外，補充體力則需要醣（即碳水化合物）、蛋白質和脂肪。

我們不能說哪一種維他命或礦物質是最重要的，因為，它們在人體裡面是互相作用、互相幫助的，像一串連鎖反應。例如，維他命E幫助利農酸（Linoleic Acid）的吸收，利農酸幫助維他命D的攝取，維他命D幫助磷的作用，磷幫助鈣的維持，鈣幫助維他命C的吸取……。因此，如果其他的維他命或礦物質攝取不夠，卻單單大量補充一種維他命或礦物質，那是沒什麼用處的，因為它沒有相關營養素的輔助吸收——這常常是專注吃特定一種維他命的人所忽略的飲食原則。

營養、均衡、適當的飲食，可以避免高血壓、消化不良、胃潰瘍、便秘、肥胖、糖尿病和蛀牙，還可以減輕焦慮感、沮喪感、頭痛、不安、疲勞以及失眠症狀，在適當在飲食習慣方面，我們必須注意：

1. 要吃不同的食物。
2. 維持正常的體重。
3. 多吃營養成分沒有因碾磨、燒烤、精煉而破壞的完整的食物。
4. 少吃油脂。
5. 少吃甜食。
6. 少吃含納的食物。

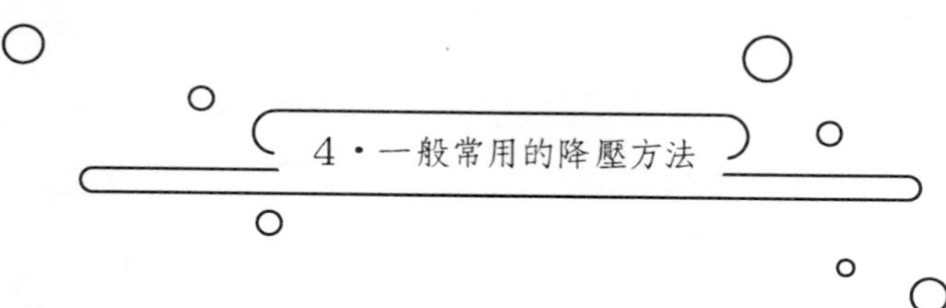


7. 補充維他命與礦物質。

8. 少量多餐、安靜進食，並盡可能將食物在口腔中磨到極碎。

其中，有鑑於國人對健康飲食的觀念愈來愈重視，近來減肥、瘦身的風氣也有出人意表的流行趨勢，在此特為正常體重的維持做一陳述：有些人吃得很多，卻還是很瘦，在現代醫學上還無法完全解釋它的原因。然而，減重的基本條件是無庸置疑的，也就是，身體所消耗的熱量必須比所吃進去的熱量多，換句話說，身體必須減少吃進去的熱量，或者增加本身的活動量，又或者既減少熱量又增加活動量。

值得注意的是，減重最好是長期而有恆的慢慢減，譬如每一至兩週減半公斤，也就是一個月減至一至二公斤較適宜，一次驟減不僅很難維持苗條的身材，反而，驟減之後很多人都再驟增回來，而使身體因無法適應短時間內的胖瘦改變，造成身體機能的受損。而長期、有恆的減重要依賴新的飲食習慣與運動，一般人之所以減重不能成功，或者驟減的人之所以會再驟增，主要是因為他們又恢復了舊有的飲食習慣。而良好的飲食習慣應該是，吃的速度要放慢、用餐要定時、不要用吃來打發無聊、不要用吃來洩憤、不要用吃來消除疲勞、不要用吃來對抗焦慮、減少食量、吃的時候專心吃等等。

## ※運動

運動是減少焦慮最簡單而有效的方法之一，因為消耗體力，是人類自然的發洩途徑，運動之後，身體會恢復正常的平衡狀態，不但精神會覺得放鬆，也會感覺補充了體力。而規律且適度的運動可以增加肌肉的強度、韌性和彈性，可以減輕肌肉的緊張、減少肌肉的痙攣、抽搐或顫抖。假如個人正在節食，那麼規律而適度的運動可以消耗熱量、壓抑食慾，幫助減輕體重。

現代人所需的運動量應該和上古時代全靠體力生存的人類是一樣的，但工業革命之後，現代人獲得各式各樣的機器、家電代勞，使實際所做的運動和身體所需的運動量之間相去太遠。根據統計，現代的都市人，幾乎只有四分之一的人每天有勉強足夠的運動量，這種運動量不足的事實，也正是造成某些心臟病、肥胖、骨骼性疾病、疲勞、肌肉緊張與沮喪等症狀的原因。

運動大體可以分為兩大類：有氧運動和低密度運動。有氧運動的定義，就是使肌肉做持續而有節奏性的活動，比較大眾化的有氧運動包括跑步、慢跑、競走、游泳、騎腳踏車和跳舞等等。

由於有氧運動使人耗費大量的氧氣，而為了要補充大量的氧氣，心臟跳動的速度、跳動的力量和肺活量都大大增加，同時，細小的血管也會放鬆下來，以使更多帶氧的血液被送到全身的肌肉去。

低密度運動是指並不激烈或者時間上並不持續太久的運動，它可以增加肌肉的韌性、強度以及關節的活動能力，可是對心臟血管系統並無太大的幫助。對於一個活潑好動的人或是一個身體狀況很差的人，低密度運動可以做為有氧運動的準備，以免貿然地做有氧運動而對心臟血管系統造成傷害。

低密度運動通常是在當事人不自覺下所從事的，例如散步、清掃屋子、購物、辦公或園藝方面的工作，都算是在做低密度運動。除了這些之外，我們還可常做柔軟體操以及肌肉運動。柔軟體操是利用伸展的方法促進全身各部肌肉的柔軟彎曲性和它們的韌性，同時也可以促進老年人關節的活動性。柔軟體操如果利用來作為有氧運動之前的準備運動與緩和運動，可以幫助身體避免在做有氧運動時受傷。柔軟體操最大的優點，是它的方便性，運動者不須穿特殊的運動服裝、不須使用特殊的運動器材、不須受限於惡劣的天氣，而且任何時間均可進行。包括了彎腰以手觸腳趾、仰臥起坐和屈膝等都可為柔軟體操。

肌肉是指肌肉在活動的狀態下，對外界的壓力發揮它的張力，或在靜止的狀態下，對外界的壓力發揮出它的抵抗力。前者如舉重等運動，它可以大塊肌肉變得更有力、更有韌性，而對於老年人，這種運動可以幫助肌肉的維護，對於保護關節很有助益。後者如兩手掌互相擠壓等活動，可以使肌肉變

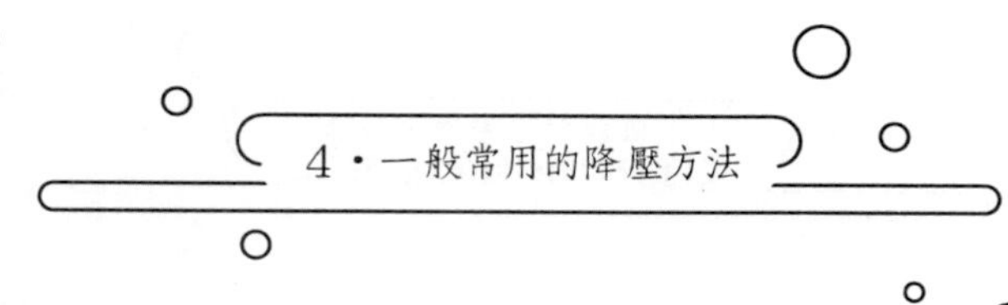


得更強勁有力。

## ※尋求醫療管道

包括東方、西方的古代社會均相信某些異常的行為是靈異的原因的。當時，大部分失調行為的人，都被當作是被邪靈或惡魔所占據或影響的個體，他們在東方會被作法驅魔，或被關在家中，而對外宣揚暴斃死亡；在西方則會被關入監獄，被拷打或被處死。

在這種傳統中，不正常的行為與其說是失調不如說是邪惡。它需要懲戒或滅絕，來保護社區中其他的人。這些懲罰性方法使人們採取懷疑和恐懼的態度來對待異常行為患者，並使得有這種病人的家庭感到羞恥。

到了十九世紀後期，隨著心理分析理論和有關精神病的醫學研究發展，異常行為的醫學模型獲得了長足的進展。心理失調終於被看作是一種疾病，可以確定其症狀、原因和治療過程。那些心理失調患者都是需要專業醫生為之服務的病人。

由於心理失調被看成是疾病，醫學治療因此受到肯定。這包括外科手術療法，例如執行前額腦葉切斷手術，使大腦的額葉與大腦深部的聯結被切斷，藉此減低患者的暴力行為；電擊療法，是引導電流刺激人體強烈的痙攣，在患者甦醒後的幾分鐘裡，病人可能會有一些記憶喪失和模糊，但是隨著幾次的療程，抑鬱的徵候就會減輕；精神藥理療法，使用鎮靜劑抑制中樞神經系統的活動，使用抗精神病藥來紓解焦慮和攻擊性，使用抗抑鬱藥，藉之增強大腦中某些神經介質的層次，對減輕抑鬱症狀有強烈的效果。

其中，外科手術及電擊療法則由於受試者的體質不一，以及必須承擔無保證的風險等因素，而迭有爭議；但精神藥理療法則大大地改善了精神病患者的治療方法。

上述多種醫學療法主要都在改變患者行為，但心理療法的心理學技術與醫學療法的生物學技術則有顯著的不同。大多數心理療法的共同之處是建立患者與治療師之間的聯繫，並運用一些談話、行為塑造等行動來提供新的觀念和關係模式。

心理治療法大致分為兩種方式，一是自我內在療法，一是行為療法。自我內在療法，又可分為心理分析法及人文主義療法，心理分析法是採自由聯想，在引導患者聯想的過程中，使病人自由地、不加約束地說話，而受有專業訓練的分析者，則從中聽取有關其內在衝突的潛意識動機和線索。

這項心理分析治療法來自佛洛依德早期所主張的催眠療法，佛氏利用催眠使病人放鬆，並藉一連串追蹤性的問題引導他直接說出其失調情感的源頭。

人文主義療法，不同於心理分析家，人文主義療法不以醫生——病人的模式和患者互動，反之，他們將患者當成是其本身問題的最佳解決者。這種療法無條件地、積極地對待患病的當事人，無論他說什麼、做什麼都加以接受，並且強調不對當事人作指示、引導的重要性，他們拒絕告訴當事人要做什麼事、說什麼話。他們認為所提供的這些方法可以做為患者行為改變的基礎。

然而，一個有懼高症的人，他也許可以利用心理分析法瞭解他懼怕高處的原因，但這段追蹤原因的時間可能必須花上好幾年，並且，在獲得原因之後，並不見得可以藉此改善懼高的情況。行為治療學家即認為，至少在某些失調患者身上，用自我內在療法來減輕症狀和改變行為，其實是不必要的，而應採用實際的行為治療才具積極意義。

行為療法主要利用獎懲來達到約束患者應戒除的行為，例如不刷牙的小孩在刷牙後，給予玩具以資獎勵；又如酗酒者在喝了酒後，使之服用會引發嘔吐、噁心的解酒藥，使他因為嫌惡解酒藥而戒酒。行為療法也使用模擬所懼怕的情境使患者藉情境的熟悉而減低其懼怕的程度，例如懼幽閉症者，可以由大至小、由有人陪伴到自己獨處的封閉空間使其適應，以之逐漸消除恐懼心理。

另外，同樣具有專業知識、受過專業訓練的社會工作者也是求助的管道。社會工作者服務範圍非常廣泛，一般涉及個人在社會環境中的生活和適應問題，他們都可以提供協助。在台灣，這類的機構包括生命線、張老師、晚晴協會以及部分報章雜誌的心情園地等。

求助的方式很多，閱讀臨床心理學方面的書籍也是其一，其他則如相關的演講、座談、書籍、有聲雜誌等，均不失為積極的做法。

# 5・避免壓力的正確方式

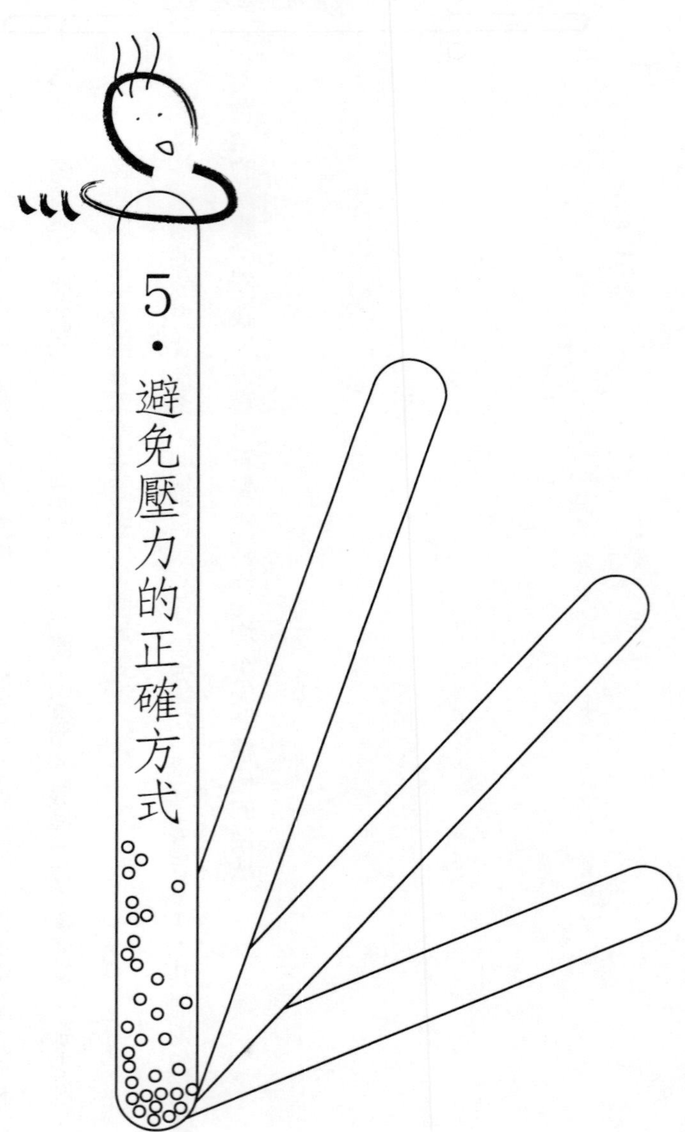

## 幾種紓解壓力的好方法

由於心理學是先從西方社會興起的一門科學，所以不難從心理學說中看到西方文化的價值觀，以及一般認為是適當面對困難、壓力大的方法。可能正因如此，前一章所提的降壓方法，或多或少都在教人以積極、進取、不輕忽個人力量的心態來處理生活上各種的壓力。這種著重把人類的正面思想及有關優點提升起來，從而產生其中包含了「不受命運主宰」的信念。事實上，相信亦是本著這種精神，人類今天才能登上太空，探察宇宙神奇的奧秘，創造出不少科學上的奇蹟。

但是在面對人生的各種困難時，單是抱著想做就做，想要便要的心態，亦並非是無往而不利及最適當的處理方法。東方思想所提倡的處變不驚的心態，以及面對千變萬化的事時那種祥和、隨緣的修養，相信亦對加強心理抵抗壓力十分重要的、更可說是不可或缺的抗壓添加劑。

其中的意義並不是要人抱著消極以及事事逆來順受的心態來生活，而是能在逆境、困難中保持著祥和、冷靜的心境，在未能即時解決的事情上，抱持一定的希望，以及能夠把胸襟擴闊以寬大的情懷來接受未達成完美的現實。

所以要不再煩惱不但需要有勇氣去面對壓力，懷著決心去解決困難，亦必須要有祥和的心境去接受未能改變的一切。因為在現實生活中，實在會有不少事情是未能完全解決的，例如生、老、病、死當中所經歷的痛苦，就是自古人類希望可以克服而未能成功的人生必經階段。所以在面對生活的困難時，若只有前者的勇氣，反而會把自己困在重重的挫敗及失望中，為自己帶來太高的要求、期望和太大的壓力。

畢竟人是需要有休息的時候，在尚未完美的現實生活中，依然能夠享受那份滿足感。所以在面對那些未能改變的現實時，能以平靜的心境去接受，絕對有助於抵抗生活中遇到的壓力。當然，若只懂接受而不嘗試去克服、改變，便又會變成是過分消極。

所以要能夠不活在自困的煩惱中，亦必須依靠個人的智慧，使我們能夠清楚地分辨甚麼事情是能夠改變，甚麼事情卻是未能完全克服的。

壓力具有致命的吸引力，而任何人都無法逃避，但那並不表示我們已無路可走。有些人天生比較能應付壓力，而任何人都能學到正確應付壓力的方法。

有個方法是跟天生較能抗壓的人學習。有些人在面對囚禁、拷打、病痛等困難時出奇地寧靜，據研究結果發現，他們的思考模式與眾不同。他們比較專注於目前的事務上（讓瀕死的孩子安樂死，能舒適一些），而較不重視整體性的事務（死亡的前景，及靈魂的去向）。另外，他們也能將事情理性化，例如許多人將對他們的磨練，視作神指派的特殊任務。使之成為最大的心理支持來源。

善於抗壓人士，常有「樂觀解釋風格」的傾向，這些人設想，他們所碰到的麻煩只是暫時的（我今天實在太累了），而不是永久的（我完蛋了）；是局部的（我有個壞習慣），而不是全局的（我是個大壞蛋）。此外，事情順利時，他們自己居功，而將他們的失敗歸諸外在的原因（例如：「那些聽眾很難纏」而不是「我演講地很糟糕」）。

即使悲觀主義者也學到了降壓的方法，透過冥想及其他放鬆練習處理壓力的方法，有些方法專注於呼吸，撫平驛動的心，然後躺下「掃描」身體，一次放鬆一條肌肉。結果顯示這種練習可遏阻壓力荷爾蒙分泌，減緩心跳速度，降低血壓。按摩對一些人也有相當幫助。

假如嫌以上的方法太過靜態，運動可能最適合你。運動可增加身體製造內咖啡的數量，減少痛苦，同時增加腹部氧氣的供給量，而減輕肌肉的緊張。

以下就來詳細說明幾種避免壓力的正確方式，提供給讀者作參考。

## ※建立健康積極的人生觀

建立健全的人生觀和自我形象，令我們明白自己首先是一個「人」，其次才是一個「社會人」，社會只是作為一個人眾多身分角色中的一個，當人的某一種角色出現問題，並不表示其他身分角色也失敗。並且瞭解有任何一種生活面向只是生活的一部分及現有的處境並非唯一的處境，給我們一個較豁達及關懷的看法，知道所有東西均可轉變，在困難時亦可有多種選擇。

培養自己的信心，接受自己的能力和弱點，瞭解到自己不必事事與人爭一日之長短，不必擊敗別人來證明自己的能力。建立及保持這種個人形象和人生態度是十分重要的。

另一種應付壓力的方法，是以柔制剛。即當面臨壓力時，不以逃避應之，反以溫婉的態度處之。幽默感和笑容，永遠受人歡迎，在受到挫折時，可以大事化小，小事化無。「二元的故事」是有名的例子，可時常記取：

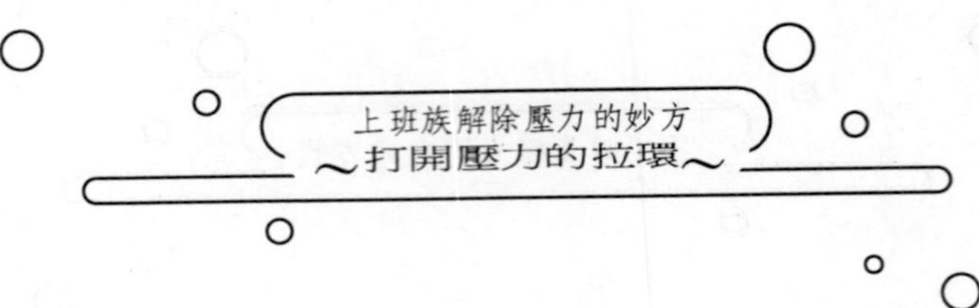


「一元的故事講述兩個陷入潦倒境地的人，悲觀消極者愁對手中的一元，嘆道：『只剩下一元了。』樂觀的人卻把弄著一元硬幣，興奮地說：『我還有一元呢！』」

這個故事充分顯示遭遇不幸的人，如何看自己的處境，悲觀者將陷入萬劫不復的痛苦；樂觀者則永遠都有一線生機。體驗人生每一個階段和所發生的事，在幸運時，當然珍惜每一刻；在挫折時，也欣然度過，抱著可能永遠不會再有這種經歷的的想法，可以覺得時間輕輕鬆鬆、從從容容地過去。

因為，幽默感乃是經常以一種樂觀的態度去看事物和發掘事物有趣的地方。這並非漠不關心，而是令自己不會太過執著、緊張，從而能用一種較輕鬆的態度去面對壓力和化解壓力所引致的不安和焦慮，提高我們處理及解決困難的能力。

幽默感並不能在遇到問題時才培養產生的，而是根植於整體生活的態度和個人形象之中。要培養幽默感，便要在整體生活上比較開懷、不執著、有創意、能用不同角度看同一件事。若能在生活不同層面做到有幽默感，在工作上遇到壓力時便會自然地用幽默感來面對壓力解決困難了。即使有時失敗了，也能夠一笑置之，吸取教訓，重新站起來。

## ※認識和接納自己

人是一無所有來到這個世界的，是一個個體，有獨立的思想。所以，給人支配了思想、意識和行動時，就會感到非常的困頓。

由於對自己的認識不明確，當挫折和壓力到臨時，變得手足無措；或視為不幸，完全不去檢討錯誤是否自己造成的。其原因除了悲傷自己所遇的困境外，便是沒有心情從頭再來會得到同樣，或更好的表現。

對自己的意願有充分的瞭解，豐富的知識和不斷增加自己的學養，就不會將挫折和壓力放在心頭，以「置諸死地而後生」的心態面對挫折，就不會感到灰心和失望。

人類往往不自覺地步向自虐的境界，當所有人都唾棄自己時，不好好地保護自己，反而落井下石，令自己陷入痛苦的深淵。這是不接納自己的表現，自責形成另一股壓力，直把自己壓得站不起來。正面的做法，在於首先認定所做的一切，是否出於自願，抑或誤信他人，或被人誣陷。無論何種原因，你必須面對現實，承認一切已經發生的錯誤。其次是不再盲目追究不實際的責任，將精力集中在研究改善方法之上。最後是康復及增加別人對自己信任的時候，永不重蹈覆轍，不要對做錯的人提及以前的錯事，不因此變得一臉寒霜面對世界。一切都如常運行，因為世界是不會因為你受到壓力，而稍作停留去救援你的。

## ※良好的生活習慣

安排好私人的生活，享受家庭生活及各種消遣活動，令我們不會覺得生活只是工作及睡眠，而是有豐富的內容、多樣化和充滿動力；令我們不會覺得工作是不成比例地重要，是做人的唯一目標。安排好私人生活，並不等於工作不積極，反之，對私人生活有正確態度和妥善安排的人，工作時往往更加起勁和積極。

以下是十三個能使個人鬆弛和減少緊張的建議，多是「舉手之勞」般小規模的習慣以及態度，值得留意：

1. 每天至少安排一段輕鬆時間。
2. 學習聽別人的談話，而不打斷他們。
3. 閱讀需要集中心思的書籍和文章，而不要嘗試速讀。
4. 吃美味的食物時，學習慢慢地去品嘗。
5. 在家裡準備一個安靜的地方，做為休息或靜思之所。
6. 安排一些未經刻意規劃的休閒假期。

7. 除了工作和學校外，至少在某一領域內能集中精神充實自己。
8. 以天或週來生活，而不要以碼錶來過生活。
9. 每次只注意一件事情，不要花心思去想下次會被分派處理什麼樣的工作。
10. 避免和急躁、有競爭性的人打交道，他們會使另一個競爭性強的人變得更糟。
11. 不要喝太多的咖啡或酒類，試著以果汁和白開水來代替。
12. 散步時不要只看花，試著和孩童做做朋友，或和小狗玩一會。
13. 每天至少微笑五分鐘。

## ※建立良好的人際關係

建立良好的人際關係，一方而可為我們帶來私人生活的滿足，另外，又給我們在遭受壓力時一個非常好的安全網，令我們得到適當的支持，宣洩不

滿的情緒、紓緩壓力，給我們復原，重新獲得精力的機會。

## ※利用音樂和體育活動

另一種很多人會採用的應付壓力方法是體育運動，運動的好處在於可以令人的精神從其他繁雜思想、公事的煩惱中暫時抽離出來，而集中在身體活動中。體育運動當然對整體健康有幫助，從而增加應付壓力的能力。它也許並不是一個強力有效解決壓力的方法，但持續性的體育活動則有改變性格的可能，壓力在較健康的性格中較不容易形成。

本書收集若干鬆弛神經的體操活動，以為繁忙生活中耗時不多的減壓技巧：

當你感到憤怒時身體左右轉動，心中緩緩數著數目，跟著呼吸並進。

當你感到疲乏之時，抬起下顎做收縮下顎的運動，做深呼吸及挺直腰桿。

當你感到悲傷或受挫折時，不要彎腰抱頭，這只會增加你的壓力，你應該挺起胸膛、頭向後稍抬起，並做腳部伸縮運動。

當你感到焦慮不安時，跳動身體，並左右搖擺三分鐘左右；當你感到畏懼，例如將要在會議中當眾發言時，你可揉捏膝蓋、腳拇趾使勁抓地，並挺起胸膛緩慢地深呼吸，有助你減輕心臟的壓力。

當你感到猶豫、頭腦不大清醒時，可以做腰部的腳部運動，這兩個部位一使勁，頭腦便會較清醒。

而音樂，則如同體育活動一般，給人另一種精神方面的寄託，靠著音樂情境的帶領，個人的心緒可以暫時脫離現實生活的困擾，進入一種純粹、單純的世界；當然，音樂如同體育活動一樣，持續性的接觸是有改變性格的可

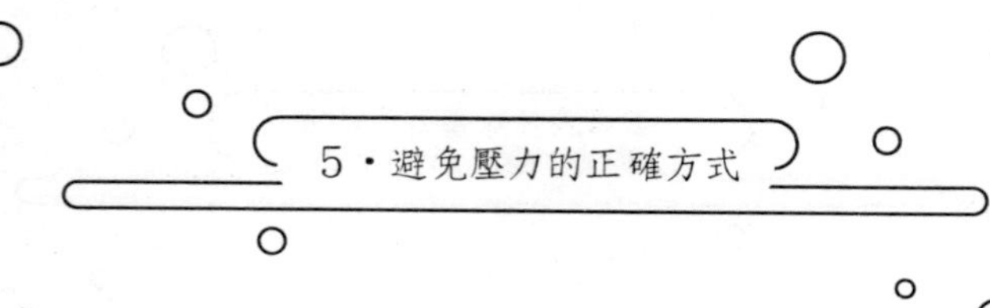


能，是一種健康性格的養成之道。

## ※面對問題

首先瞭解自己對自己的要求，這是一個理性、清楚的瞭解，將所面對的問題對自己的要求作一個準確、可靠的評估。有時在工作上，當遇到一些不清晰的指示時，最好儘量澄清問題的要求及指標，解決權力與責任的均衡。

當知道了問題的要求及指標後，便要評估自己的應付能力。有時真的需要學習一些技巧，令我們在處理這些問題時更加有效率。有時需要專業知識、宗教信仰、人際關懷，甚至求助心理輔導機構。

至於在如何組織自己的工作方面，一般而言，有幾個原則可以考慮。其中一個是我們可以嘗試將自己的工作根據時間作一個合理編排，很多時候我們經驗到工作壓力的原因是很多件事同時處理，結果無法每一件事均處理得好。有人建議我們可用時間表方法來做事，將所需要做的工作裡每一部分的步驟之邏輯關係清楚列明，這樣便知道每個步驟完成所需的時間，然後列成一個比較合理的圖表來處理。

要將工作編排好的一個重要步驟是定出優先順序，何者重要？何者較為次要？何者做錯或做漏也不會引致嚴重後果？我們必須瞭解這些事情的優先順序。很多行政人員出現困難是因為用了很多精力及時間處理一些相對沒那麼重要的事情，一些真正重要的東西他們可能漏了，他們可能需要多些冷靜、理性的計畫，將一些重要的東西列成優先次序來處理。

我們除了知道處理問題時有哪些技巧需要學習外，還要知道有什麼設施、環境的方法。例如，某些業務程序要經過一些其他人及部門的障礙，令我們更有效率地工作，或者有些設施或資源是我沒有的，便要去尋找，這樣才能增加我們應付壓力的能力。

有時，我們要現實地衡量我們處事的力量，在適當時候便要拒絕一些超越自己能力範圍的工作要求。學習如何向上司及客戶解釋你工作能力的限制及令對方對自己有較現實的要求。若勉強應承一些自己明知沒有能力完成的事，其實對任何人也沒有好處。

另外，要知道在何種情況下可發展一些新的解決問題的方法。很多時候在一個工作環境久了，會使人只會依循一種方法去解決問題，但任何問題，其實均有可能有些新的方法去解決。多給自己機會嘗試不同工作形式及新的解決方法，這會增加自己處事的靈活性。當遇到新的問題時，便不會拘泥於一些舊的方法，而無法解決。

我們又要把握機會，建立各種與我們公事上解決問題有關的資源。例如，建立一些關係、認識一些可以解決某類問題的人，知道如果遇到某一類問題，可以找那一類人幫助；並與他們維持一定關係，令自己認識更多有關活動及服務。

此外，有些處境基本上是不能接受的，我們便要立刻離開那個處境。例如，有些工作要求完全是不合理的，是自己能力以外的，若仍勉強自己留下來拚命支撐，會對自己造成很大傷害，對工作也沒有好處。有些工作基本上的安排是有問題的，你會發覺很多人在努力嘗試去做之後仍然失敗，這就顯示出這工作本身是有嚴重問題，並非一個正常人可以處理得到，這時，除非你確信自己有相當的能力，否則還是避之為吉。

## ※學習傾吐

前述人際關係在壓力的紓解上具有某種程度的幫助，乃是因人際的安慰作用，一旦惡劣的情緒能獲得旁人的同情、共鳴，心中的不平、委屈、壓力或多或少能得到釋放。

學習傾吐，可以讓個人的壓力得見陽光，或者與人分擔壓力的情緒低迷，或者獲得別人的情感支持，更或者直接取得被傾吐的協助，任何一種情況都是良好的解決之道，都對壓力的解除具有正面的效益。

某些專家特別強調，我們需要把問題與親人或富於同情心的人討論，哪怕是與陌生人交流，都可能成功地對付壓力。毫無疑問，假如你感到需要交流，那麼，能夠把問題付諸言語，能有人在身旁傾聽、表示同情是很重要的。然而，有些人被迫相信，倘若不隱藏感情，他們便是幼稚可笑的，但卻不能明瞭，能洞察自身感情需要，並能找到最好辦法應付的人，才是真正的成熟。有研究顯示，外向性格的人在情緒激動或遭受挫折時會尋求同伴，而內向性格的人則尋求孤獨。對於這些不同的做法，我們當然不能斷言前者是健康的，而後者就是不健康的；不過，情緒的傾吐被視為解決壓力的良方。

## ※釋放情感

除了通過人際關係處理情感外，一些人還強烈地需要另一些手段幫助他們聯繫和表達情感生活。不同性格的人對情感的要求程度不同，但有一個普遍的共識，即是，不斷地壓制情感會導致心理障礙，包括心理矛盾、心理壓抑、情感糾葛、自我否定、模糊不清、漂浮不定的憂慮。而在那些對與身心相關疾病感興趣的醫生們中也存一個共識，即情感壓抑可能是導致某些疾病發展的原因之一，包括癌症和心臟病。這些說明有充分的理由，讓我們揭開情感生活的面紗，即使在不能公開表達情感的時候，也至少承認它們的存在。

最基本的一步就是要允許自己體驗情感，允許自己憤怒、害怕、興奮或其他情緒。據指出，大量的情感壓抑產生於孩提時代，孩子們總是被成人引導將自己最直接的情感與不愉快的事務相聯繫。他們可能會因為痛苦的哭鬧受到處罰，也可能因為快樂的嬉鬧受到處罰，這種由於表達情感所受到的壓制，慢慢使他們變得像成年人一樣，自己心裡想說的話、想表達的情緒、想哭、想笑都被強烈地制約著，以致變得呆板，且習以為常。

故而，如果想放大哭，就順其自然。許多成人，尤其是男性都丟掉了眼淚這個天生被賦予的禮物，孩提時代被壓抑的影響太強烈，以致他們在欲哭的剎那關閉了哭的機制。事實上，許多研究指出，哭泣能使身體的化學作用朝好的方向轉移，改變某些在前述各章所談到的有害生理壓力反應，甚至還有一種說法，即婦女早期心臟病的發病率較低，與她們在生理需要時能哭泣有關。

由於社會的偏見，使個人在公共場合哭是不適宜的，但在非公共場合裡則別放棄此一抒發情緒的最佳管道。流淚能釋放情感，幫助個人認識自己真實的感情，還有助於自己身邊所愛、所信任的人更徹底地瞭解自己，在適當的時候給予同情和支持。因此，在痛苦時，流淚實不應當被制止。

同樣地，假若對別人的情感敏感，會有助於對自己的情感更坦率，許多不能釋放情感的人，被自己周圍的人的情感攪得不平衡。假如我們不能正視自己的眼淚，我們就可能對別人的眼淚失去耐心；假如我們不能正視自己的憤怒，我們就可能被別人的憤怒攪得心煩意亂；假如我們不能正視自己的快樂，我們就可能被別人的快樂搞得尷尬萬分；假如我們不能正視自己的愛慕，我們就可能對別人的受慕異常冷漠；假如我們不能正視自己的缺點，我

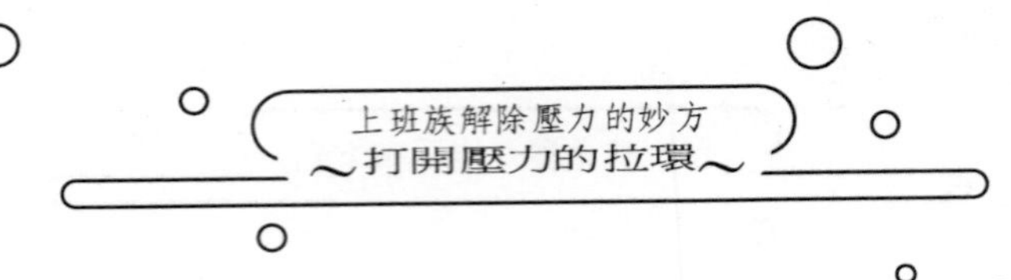


們就可能對別人的缺點吹毛求疵。

包括眼淚在內的一些壓力解決辦法，主要都在於承認情感的正常性、自然性、合理性，承認它是充實人生的一部分。當然我們需要具備控制它們的能力，明白何時表達恰如其分？何時有悖常理？但這種知識必須基於我們對自身情感的徹底瞭解和坦率承認，少了任何一項，我們生活中的壓力都會繼續對身體和心理造成傷害。

## ※重新評價生活

我們很容易深陷於壓力中，不能自拔，以致沒有時間或個人空間退一步重新評價人生目標及為實現這些目標所採用的方法。然而，這種階段性的評價是不可或缺的。我們選擇的工作確實合適嗎？它能使我們達到目標嗎？我們有足夠的機會取得成功嗎？我們與同事和家庭的關係正常嗎？我們的優先選擇正確嗎？我們為自己的情趣和休閒留出空間了嗎？我們把「無所事事」

排在成就名單的前面了嗎？

許多專業工作者總是像孩童一樣被教導要有遠大理想、遠大抱負，要具備實現這些理想的素質，現在的滿足要服從於遠大的抱負。這種訓練的確很積極，然而，如果它強調以犧牲輕鬆自如的生活為代價、那就是錯誤導向。因為我們總是忙於尋找下一個成就、下一個、再下一個成就，以致從沒有機會享受正享有的成就。直到悔之晚矣的時候才醒悟到一個事實，那就是我們在孩提時代的工作生活中都如此熱衷於追逐將來的成功，以致沒有享受到當時的愉快。

因此，從壓力大解脫出來，花點時間坐下來評價生活中發生的一切，哪些是有益的？哪些是急待改進的？諸如允許自己擁有情感、擁有時間，允許自己「無所事事」而不感到罪過。倘若無法使自己變得瀟灑，那就用處理情感的相同辦法，回憶一下童年，回憶一下那些人們總是督促自己趕緊去「找事做」、督促自己要有理想、要充實、要為了享受那虛無縹緲的將來時光，而

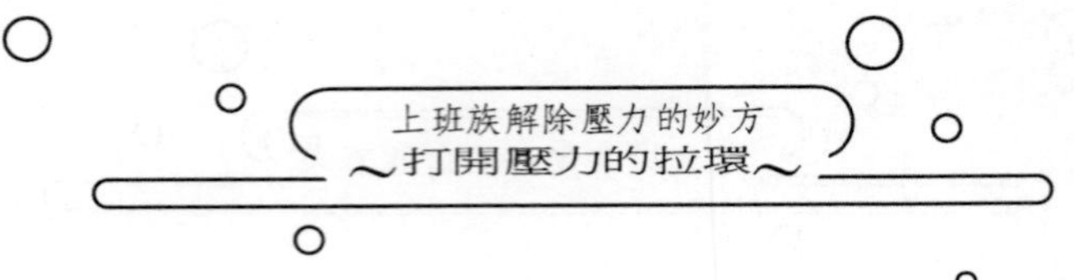


放棄現時的任何享受機會的特定時刻。那個「將來」就在眼前、就在此刻，它轉瞬即逝。

讓自己留意傳統「成就」定義的生活吧！生活的成就並不一定就是人們所認為的學業、事業、金錢、權勢等「正經事」，而是在此時此刻，在每一刻中體驗人生的點點滴滴，重新去評價生活。

# 附錄　降壓守則與技巧

下面呈現的一些指導方針，鼓勵你以一種較積極的角色來掌管自己的生活，並為自己和他人創造一個較正面的心理環境：

1. 在現存的情境中或是與過去情境的關係中，來尋找你行為的起因，不要只著限於自己的短處或缺點，試著去瞭解你的行為的背景。

2. 想出幾個在你目前生活環境中型態較為一致的人，然後比較一下你的反應、思考及感受與他們有什麼不同？這可幫助你評估自己反應的適當性和關連性。

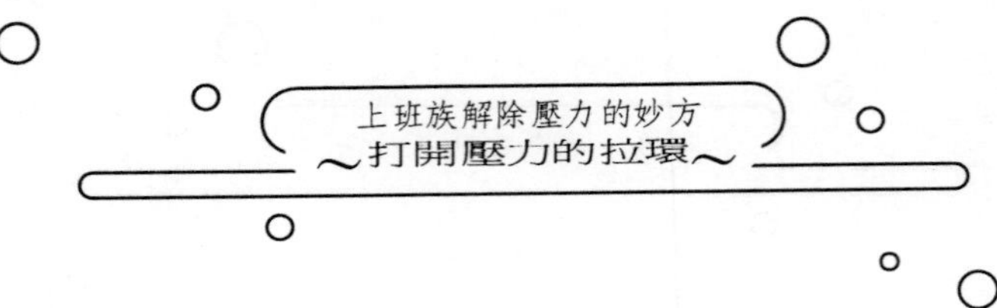


3. 結交幾個親密的朋友來共同分享彼此的感受（愉快或憂傷），下一些實際功夫去發展、繼續和擴展你的社會支持網路。

4. 不要羞怯於說你想與對方交朋友，對愛的給予與接受不要裹足不前；不要只因一次的被拒絕就不敢再去嘗試。

5. 避免對自己說負面的話，尤其不要把過錯歸諸於自己不可改變的負面特質上——諸如愚笨、醜陋、遲鈍等。從可以被改變的因素中找出你不愉快的來源，對自己的批判要具有建設性——下次如何去做才能達到自己的願望？

6. 始終記得把自己的成就和傑出表現歸為是自己的功勞和勤快，並與他人一起分享這份愉快的感覺。

7. 記下你自己一些獨特和唯一的性質，這些特性是你能供給他人的。例如，一個害羞的人可做為一位饒舌者的聽眾。認識個人力量的來源，知道在應付壓力時自己能動用哪些資源。

8. 當你覺得失去對自己情緒的控制時（過於興奮或非常消沈），可利用下列方式先使自己抽離該情境：

(1) 在空間上離開那個情境。

(2) 設想別人在處於該情境時會怎樣去做，然後自己角色扮演一番。

(3) 把想像力暫時投射在未來的狀況中，看是否能獲得對現存情境的一些洞察力。

(4) 與一位你能取得共鳴的人會心地交談一下。

9. 不要逗留在過去的不幸和錯誤中，這只會加深自己挫折感、罪惡感和羞愧感。過去的事畢竟是過去了，我們讓那些不幸沈澱在記憶中，不必再三地去撥弄與撩動，在太陽底下你過去所說和所做的，都不是什麼新鮮事。

10. 失敗為成功之母，過去的挫折可以告訴你如何去調整自己的方向，讓你不致再重蹈覆轍，從每一次的失敗中去學習一些經驗。

11. 如果你發現某個人陷於困擾之中，設法以一種關懷的、溫暖的方式與他交談一下，看是否你能幫助些什麼？往往你的耐心傾聽就是他所最需要的治療。不要刻意去保持與陌生人的距離；當然，你也必須注意自己的安全需要。

12. 如果你發現無法幫助自己或無法幫助一位憂鬱的朋友，你可以去尋找受過訓練的專家的輔助，有時候似乎是心理上的困擾，但其實卻是腺體的毛病，專家可幫助你鑑定出來。

13. 大部分的人都能從與心理衛生專家的交談中得到一些幫助，你千萬不要認為這是一種不名譽或有損尊嚴的事情。

14. 訂定長期的目標，考慮一下你在未來五年、十年、二十年中所想要做的事情，並想一下抵達那些目標有什麼可能的途徑。記得始

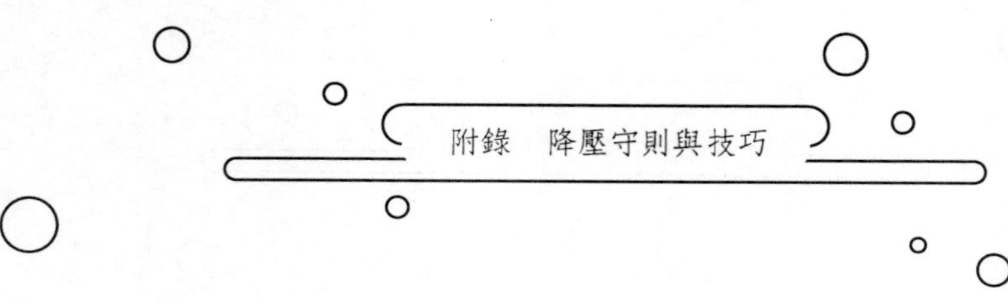


終也要去享受過程中的喜悅，「帶著信心與希望航向未來」，你最終一定可以抵達你的目的地。

15. 找出時間放鬆一下自己，享受一下你所喜愛的活動和嗜好，試著去接觸自己內心的一些真實感受。

16. 不要把自己當作是一個被動的受體，不利的事情將會接踵而至；而應該視自己是一個主動的行為者，在任何時候你都可以改變你整個生命的方向。你是自己所選擇成為的，別人眼中的你是你所選擇來向他們顯示的。

17. 記住：只要有生命存在，就有過一個美滿生活的可能；並只要我們能彼此關懷對方，這個理想的藍圖就在不遠的地方。

# 元氣系列

| | | | | |
|---|---|---|---|---|
| D9101 | 如何征服泌尿疾病 | ISBN:957-818-000-4(99/04) | 洪峻澤/著 | NT:260 |
| D9102 | 大家一起來運動 | ISBN:957-8637-91-8(99/02) | 易天華/著 | NT:200 |
| D9103 | 名畫與疾病—內科教授爲你把脈 | ISBN:957-818-004-7(99/05) | 張天鈞/著 | NT:320 |
| D9104 | 打敗糖尿病 | ISBN:957-818-037-3(99/10) | 裴　駒/著 | NT:280 |
| D9105 | 健康飲食與癌症 | ISBN:957-818-024-1(99/08) | 吳映蓉/著 | NT:220 |
| D9106 | 健康檢查的第一本書 | ISBN:957-818-027-6(99/08) | 張璨文/著 | NT:200 |
| D9107 | 簡簡單單做瑜伽-邱素真瑜伽天地的美體養生法 | ISBN:957-818-049-7(99/10) | 陳玉芬/著 | NT:180 |
| D9108 | 打開壓力的拉環-上班族解除壓力妙方 | ISBN:957-818-050-0(99/11) | 林森、晴風/著 | NT:200 |
| D9109 | 體內環保-排毒聖經 | | 王宜燕/譯 | |
| D9110 | 肝功能異常時該怎麼辦？ | ISBN:957-818-068-3(99/12) | 譚健民/著 | NT:220 |
| D9201 | 健康生食 | ISBN:957-818-023-3(99/07) | 洪建德/著 | NT:180 |

## 健康檢查的第一本書

張璨文／著

怎麼選擇健檢機構？診所好，還是醫院好？而且健檢的等級那麼多，應該選擇哪一種？做完健檢後，許多人看著出爐的報告仍是一頭霧水。有的人因為一、兩個異常數據而緊張得半死，有的以為一切正常就是健康滿分。這種情況恐怕有檢查比沒檢查還糟。本書提供所有讀者最實用的資訊，包括健檢機構的介紹、檢查項目的說明、健檢結果的說明等，是關心健康民眾不可錯過的好書。

# LOT系列

| | | | | |
|---|---|---|---|---|
| 6101 觀看星座的第一本書 | ISBN 957-8637-77-2 (98/12) | 王瑤英/譯 | NT:180B/平 |
| 6102 上升星座的第一本書(附光碟) | ISBN 957-8637-92-6 (99/02) | 黃家騁/著 | NT:250B/平 |
| 6103 太陽星座的第一本書(附光碟) | ISBN 957-8637-92-6 (99/02) | 黃家騁/著 | NT:250B/平 |
| 6104 月亮星座的第一本書(附光碟) | ISBN 957-8637-92-6 (99/02) | 黃家騁/著 | NT:250B/平 |
| 6105 紅樓摘星-紅樓夢十二星座 | ISBN 957-818-055-1 (99/11) | 風雨琉璃/著 | NT:250B/平 |

# FAX系列

| | | | |
|---|---|---|---|
| 7001 情色地圖 | ISBN 957-8637-77-2 (98/12) | 張錦弘/著 | NT:180B/平 |
| 7002 台灣學生在北大 | ISBN 957-8637-92-6 (99/02) | 蕭弘德/著 | NT:250B/平 |
| 7003 台灣書店風情 | | 韓維君/著 | |

## 情色地圖

張錦弘／著

本書是以情慾為主題的社會傳真報導，共分五篇：「寂寞症候群」說的是電話性騷擾、謊報、網路及電話交友這類源自寂寞的社會現象；「情愛悲劇大觀園」寫的是師生戀、冥婚、殉情、捉姦這類常見的愛情悲劇；「牛郎浮世繪」及「風塵女大掃描」則深入探索台灣的色情業及娼妓的內心世界；「性愛異形篇」講的是千奇百怪的性變態，令人瞠目結舌。

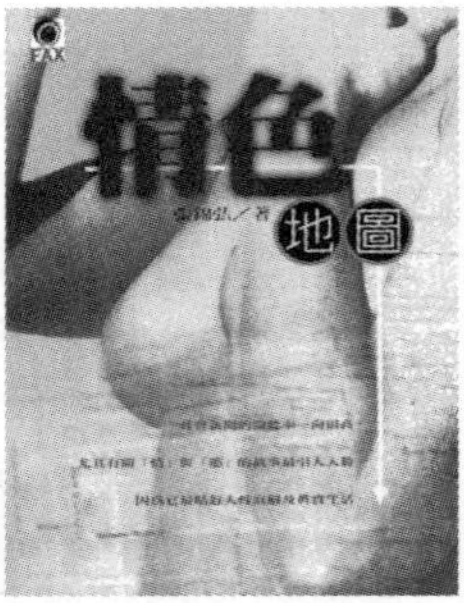

打開壓力的拉環——上班族解除壓力的妙方　　元氣系列 8

著　　者／林森 晴風
出 版 者／生智文化事業有限公司
發 行 人／林新倫
總 編 輯／孟　樊
執行編輯／許淑芬
登 記 證／局版北市業字第 677 號
地　　址／台北市文山區溪洲街 67 號地下樓
電　　話／(02)2366-0309　2366-0313
傳　　真／(02)2366-0310
E-mail／tn605547@ms6.tisnet.net.tw
網　　址／http://www.ycrc.com.tw
印　　刷／科樂印刷事業股份有限公司
法律顧問／北辰著作權事務所　蕭雄淋律師
初版一刷／1999 年 11 月
定　　價／新台幣 200 元
郵政劃撥／14534976
ISBN／957-818-050-0

總 經 銷／揚智文化事業股份有限公司
地　　址／台北市新生南路三段 88 號 5 樓之 6
電　　話／(02)2366-0309　2366-0313
傳　　真／(02)2366-0310
南區總經銷／昱泓圖書有限公司
地　　址／嘉義市通化四街 45 號
電　　話／(05)231-1949　231-1572
傳　　真／(05)231-1002

國家圖書館出版品預行編目資料

打開壓力的拉環 ／ 林森, 晴風著. -- 初版. --
臺北市：生智，1999 [民 88]
面；　　公分. -- （元氣系列；8）

ISBN　957-818- 050 - 0（平裝）

1.壓力（心理學）2.壓力（心理學）-管理

176.54　　　　　　88011771